解读

中华成语

大智慧

韩宇◎编著

上

中国出版集团

现代出版社

图书在版编目(CIP)数据

解读中华成语大智慧(上)/韩宇编著. —北京:现代
出版社,2014.1
　　ISBN 978-7-5143-2153-1

　　Ⅰ.①解… Ⅱ.①韩… Ⅲ.①汉语-成语-故事-青年读物
②汉语-成语-故事-少年读物 Ⅳ.①H136.3-49

　　中国版本图书馆 CIP 数据核字(2014)第 008540 号

作　　者	韩　宇	
责任编辑	王敬一	
出版发行	现代出版社	
通讯地址	北京市安定门外安华里 504 号	
邮政编码	100011	
电　　话	010 - 64267325 64245264(传真)	
网　　址	www.1980xd.com	
电子邮箱	xiandai@cnpitc.com.cn	
印　　刷	唐山富达印务有限公司	
开　　本	710mm×1000mm　1/16	
印　　张	16	
版　　次	2014 年 1 月第 1 版　2023 年 5 月第 3 次印刷	
书　　号	ISBN 978-7-5143-2153-1	
定　　价	76.00 元(上下册)	

目　录

第一章　为人处世篇

第二章　智慧谋略篇

第一章　为人处世篇

1. 草菅人命

汉文帝三年（公元前 177 年），元老重臣周勃因受诬告被免去丞相职务。不久之后，又因有人诬告他谋反被收入监牢，幸亏贾谊上书相救。当初文帝本欲重用贾谊，周勃曾竭力反对，说了不少坏话。因此，贾谊不但没升官，反而被降了职，做了长沙王太傅。可是胸怀坦荡以国为重的贾谊，听到周勃下狱的消息，立刻写了一篇题为《治安策》的奏疏呈交给文帝。贾谊在奏疏中借古喻今详细陈述了秦朝灭亡的原因：任意杀人，视人命如草芥。秦始皇的小儿子秦二世胡亥，为人残忍，从小就受赵高"严刑治国"之教，夺得本应属于他哥哥扶苏的王位后，杀死了他的同胞兄弟，并且将他们分尸。名将蒙恬、蒙毅兄弟、丞相李斯、将军冯劫等大臣也都被他残害致死；对平民则更不在话下，打猎时以射死平民来取乐。贾谊的话说得生动、深刻，使文帝读后深受触动，于是赦免了周勃，并恢复他的官位。甚至日后文帝的宽刑省赋也多多少少受到了贾谊《治安策》的一些影响。

2. 大公无私

春秋时期晋平公在位时，南阳县缺少一个县令。于是平公问大夫祁黄羊，谁能够胜任这一职务。祁黄羊推荐了解狐。平公听后非常惊讶，问道："解狐不是你的仇人吗？你怎么会推荐自己的仇人呢？"祁黄羊回答道："您问的是谁可以担任这一职务，又没有问谁是我的仇人。"于是平公就任解狐为南阳县令。果然，解狐在南阳为百姓做了许多好事，政绩非常突出。后来，平公又请祁黄羊为朝廷推荐一位军中尉。这次，祁黄羊推荐了自己的儿子祁午。平公问道："祁午是你的儿子，你推荐他不怕别人说闲话吗？"祁黄羊非常坦然地回答道："您要我推荐一位军中尉，并没有规定这个人是谁啊。"结果，祁午没有辜负祁黄羊的期望，干得非常出色。孔子听了这两件事，感慨道："善哉，祁黄羊之论也！外举不避仇，内举不避亲，祁黄羊可谓公矣。"意思是说，祁黄羊推荐人才，对外不排斥仇人，对内不回避自己的亲人，真是大公无私呀！

3. 道不拾遗

秦孝公任用商鞅为重臣，听从他的建议，制定新法，废除维护贵族特权的旧法，实行改革。这就是历史上著名的"商鞅变法"。商鞅坚决主张法律面前人人平等，不管是什么人，只要对国家有贡献，就应该给予奖励。他废除贵族世袭制度，按军功的大小分封不同的爵位等级。他鼓励耕织，发展农业生产，兴修水利，规定生产多的人可以免除徭役。由于商鞅积极推行变法，秦国的老百姓生产积极性提高了，军队纪律严明，士兵们都愿意去打仗。老百姓的生活逐渐富裕。社会秩序安定，民风也变得淳朴起来，人们晚上睡觉都不用关门窗，在路上丢了东西也不用担心被别人捡走。秦国一天天强大起来，各诸侯国都开始畏惧它的国力。

4. 德高望重

富弼，字彦国，北宋洛阳人。他出身贫寒，从小勤奋好学，知识渊博，举止豁达，气度不凡。富弼从二十六岁起开始做官。在任职的四十多年间，他对北宋王朝尽忠职守，在处理内政外交、边防戍守、监察刑狱、赈济灾民等各种事务中，都做出了显著的业绩，因而不断地被加官晋爵。他曾先后担任过仁宗、英宗、神宗三朝的宰相，成为天子倚重、百官仰慕的名臣。富弼为人恭顺温和，即使当了宰相之后，也不仗势欺人。每当下属官员或平民百姓前来拜见时，他都以礼待之。神宗熙宁五年（公元 1072 年），富弼年老退休，隐居洛阳。一次，他坐轿外出经过天津桥时被百姓认出，人们全都聚拢在他的坐轿周围，原本热闹的集市顷刻之间变得空无一人。因此，司马光称赞他"三世辅臣，德高望重"，应该说是非常确切的。

5. 负荆请罪

战国时期，有七个大国，它们是秦、楚、燕、韩、赵、魏、齐，历史上称为"战国七雄"，这七国当中秦国最强大。有一次，赵王得到一块价值连城的玉璧——和氏璧，秦王想凭强权夺得这块玉。赵王派蔺相如到秦国去交涉，蔺相如见了秦王，凭着机智和勇敢，完璧归赵。

后来，蔺相如为赵国接连立功，赵惠文王十分信任他，拜他为上卿，地位在大将廉颇之上。

赵王这么器重蔺相如，可气坏了当时的大将军廉颇。他很不服气地说："我为赵国出生入死，打下大片江山，难道不如蔺相如吗？蔺相如光凭一张嘴，有什么了不起的本领，地位倒比我还高！我要是碰着蔺相如，就要当面给他点儿难堪，看他能把我怎么样！"

廉颇的这些话传到了蔺相如耳朵里。他立刻吩咐他手下的人，叫他们以后碰着廉颇手下的人，千万要让着点儿，不要和他们争吵。有一次他自己坐车出门，远远看着廉颇从前面来了，就叫马车夫把车子赶到小巷子里，等廉颇过去了再走。

廉颇手下的人，看见蔺相如这么让着自己的主人，更加得意忘形了，经常嘲笑蔺相如的手下。蔺相如手下的人受不了这个气，就跟蔺相如说："您的地位比廉将军高，他骂您，您反而躲着他，让着他，他越发不把您放在眼里啦！这么下去，我们可受不了。"

蔺相如心平气和地问他们："廉将军跟秦王相比，哪一个厉害呢？"大伙儿说："那当然是秦王厉害。"蔺相如说："天下的诸侯都怕秦王。可是为了保卫赵国，我敢当面责备他。怎么我见了廉将军倒反怕了呢。因为强大的秦国之所以不敢来侵犯赵国，就因为有我和廉将军两人在。要是我们两人不和，秦国知道了，就会趁机来侵犯赵国。你们想想，国家大事要紧，还是私人的面子要紧？"

蔺相如手下的人听了这一番话，非常感动，以后看见廉颇手下的人，都小心谨慎，总是让着他们。蔺相如的这番话，后来传到了廉颇的耳朵里。廉颇感到十分惭愧。于是，有一天他裸着上身，背着荆条，跑到蔺相如的家里去请罪。说："我是个粗鲁人，见识少，气量窄，我只顾着自己的面子，把国家的安危都丢到一边了，我实在没脸来见您。请您责打我吧。"蔺相如赶紧把荆条扔在地上，用双手扶起廉颇，给他穿好衣服，拉着他的手请他坐下，对他说："咱们两个人都是赵国的大臣。将军能体谅我，我已经万分感激了，怎么还来给我赔礼呢。"

蔺相如和廉颇从此成了很要好的朋友。这两个人一文一武，同心协力为国家办事，秦国因此更不敢欺侮赵国了。

6. 害群之马

黄帝是中华民族的祖先。有一次，黄帝要去具茨山，却在襄城迷了路。这时，他遇到了一位放马的男孩，便问他："你知道具茨山在什么地方吗？"男孩回答说："知道。"黄帝又问："你知道大院的住处吗？"男孩也回答说知道。黄帝听后心里很高兴，说："小孩，你真了不起，既知道具茨山，又知道大院住的地方。那我再问你，你知道如何治理天下吗？"男孩回答说："治理天下也没有什么大不了的。前几年，我在外游历，当时还生着病，有位长辈对我说：'你在外游历的时候，要注意日出而游，日入而息！'我现在身体好多了，打算去更多的地方。所谓治理天下，也不过如此罢了。"黄帝觉得男孩很聪明，便再次要男孩回答究竟如何治理天下。男孩于是说："治理天下的人，其实与放马的人没什么两样，只不过要将危害马群的坏马驱逐出去而已！"黄帝很满意男孩的回答，称他为"天师"，并恭恭敬敬地对他拜了几拜，然后才离开。

7. 汗马功劳

汉朝建立后，汉高祖刘邦成为至高无上的皇帝，开始分封有功之臣，许多将领争着邀功请赏。刘邦认为萧何的功劳最大，于是封他为赞侯。其他的人议论纷纷，说："我们在战场拼着生命与敌人战斗，而萧何只会耍笔杆、发议论，没有任何汗马之劳，而封赏反在我们之上，为什么？"刘邦不慌不忙地问："你们应该都知道打猎吧？"文武大臣齐声答道："知道。"刘邦继续说道："在打猎时，追杀野兽的是狗，而命令狗去追杀的却是人。你们不过是有功的猎狗，而萧何才是真正的有功之人。更何况，萧何与他家族中的九十名男子都为我一同出力，而你们大多是单身跟随我，有同族两三人就算很难得了。所以，他的功劳是怎么也抹杀不了的！"大家听后，便谁也不说话了，一个个心悦诚服地接受了分封。

8. 改过自新

汉朝初年，齐地有一位医学家名叫淳于意。他从小便喜爱医学，曾拜名医阳庆为师，学到了黄帝、扁鹊传下来的医术，治好了不少病人。但他后来因得罪权贵被官府判处肉刑，并要押到长安去行刑。淳于意没有儿子，只有五个女儿，他临走时对她们说："到了这个关键时刻，你们却都帮不上忙！"他的小女儿缇萦听后，十分伤心。她决心救出父亲，于是便随父亲去了长安，并写了一封信给汉文帝。信上写道："我父亲为官时，老百姓都称赞他廉洁公正。现在他犯了罪，理应受到惩罚。可我痛切地感到，人死不能复生，受肉刑之后断了的手脚也无法再长出来，尽管想改过自新，也实现不了了。我愿意给官府做奴婢，替父亲赎罪，以便让他有一个改过自新的机会。"汉文帝读完缇萦的信后，被她深深地感动了，于是就下令赦免了淳于意，并从此废除了肉刑。

9. 见利忘义

郦商曾同汉高祖刘邦在高阳一同起兵，他看刘邦很有才干，便将自己手下四千兵马交给他统率，自己却去冲锋陷阵，并屡建战功。刘邦当了皇帝以后，任命他为右丞相。刘邦死后，皇权落到吕后手中。吕后野心很大，她让吕氏家族来执掌天下，封自己的侄儿吕产、吕禄为王，掌握了朝廷大权。吕后的这些倒行逆施，遭到群臣的反对。等吕后一死，周勃和陈平一些老臣便秘密谋划，打算彻底清除吕氏家族的势力。但是，吕禄掌管北军的兵权，周勃无法实现自己的目的。在这紧要关头，他想起了老丞相郦商。因为郦商的儿子郦寄是吕禄的好朋友，可以用调虎离山计把吕禄骗出京城，然后设法把他除掉。当时郦商正在家中养病，周勃便去看望郦商，要他协助灭掉吕氏家族。郦商见吕氏家族大势已去，只得同意，并让儿子郦寄按计去欺骗吕禄。吕禄受到郦寄的邀请，便随其一起出城打猎。乘此时机，周勃领兵控制了北军，随后便把吕氏家族余党全部清除。不久，郦商病死，郦寄被封为将军。史书上记载此事时，说郦寄的行为是出卖朋友。出卖朋友的人总是在有利可图的时候，就不顾道义了。

10. 洁身自好

　　战国时期，楚国三闾大夫屈原，因不与同朝贪官同流合污，被人陷害遭到流放。他常常一边走路，一边吟唱着楚国的诗歌，心中牵挂着国家大事。一天，屈原来到湘江边。一个渔夫见到他后惊讶地问："你不就是屈大夫吗？为何落到这般地步？"屈原叹息道："整个世道都像这泛滥的江水一样浑浊，而我却像山泉一样清澈见底。"渔夫故意说："世道浑浊，你为什么不搅动泥沙，推波助澜？何苦洁身自好，遭此下场。"屈原说："我听说一个人洗头后戴帽，先要弹去帽上的灰尘；洗澡后穿衣，先要抖直衣服。我怎么能使自己洁净的身躯被脏物污染呢？"渔夫听这番话后，对屈原正直和高尚的品格十分敬佩，于是唱着歌，划着船离开了。

11. 脚踏实地

司马光，字君实，（陕州）夏县（今属山西）涑水乡人，人称涑水先生。他是宋代著名的历史学家，我国第一部编年体通史《资治通鉴》就是他主编的。这部巨著在我国史学史上占有重要地位。司马光青年时代就喜好研究历史，读过不少史书。宋英宗时，他受命主编《通鉴》，前后十九年中，无时无刻不在努力钻研，专心写作。他的工作态度十分严谨，对许多章节都做了反复修改。全书编成时，共有二百九十四卷，另有目录三十卷，《考异》三十卷，包括上起战国，下至五代，共一千三百六十多年的历史。宋神宗将这部书定名为《资治通鉴》。宋神宗熙宁三年，司马光因反对王安石变法，离开京师，住在洛阳独乐园。这段时间里，他常与邵雍一起聚谈闲游。有一次，司马光问邵雍："你看我这个人怎么样？"邵雍回答说："君实是一个脚踏实地的人啊！"邵雍对司马光的评价确实是恰如其分的，不愧是司马光的知己。

12. 疾恶如仇

西晋时期，朝中大臣大多数都出身于皇亲国戚和名门望族。他们依仗贵族身份享有许多特权，骄奢淫逸，越来越腐败。晋武帝司马炎称帝后，后宫竟有近万名宫女供他享用。当时，有一个叫傅咸的人，任武帝的尚书左丞、冀州刺史，后来又做司徒左长史等。武帝驾崩后，惠帝即位，傅咸任御史中丞、司隶校尉。他为人正派，敢于直言。有一次，各地发生饥荒，许多百姓流离失所，背井离乡，饿死冻死者不计其数。傅咸了解到这些情况后，立刻向惠帝陈奏百姓没有饭吃，惠帝却不解地问："那他们为什么不吃肉粥？"傅咸闻听，啼笑皆非，便细细地将百姓之事讲给惠帝听。惠帝听后问道："依卿之见，该如何是好？"傅咸直言不讳地说："朝中的一些大臣挥霍无度，他们一天的饭费竟达万钱，而百姓却生活在水深火热之中。他们如此奢侈腐化，朝廷应严加处罚，屡教不改者可按国法处治。"惠帝觉得很有道理，便说道："言之有理。爱卿如发现何人挥霍无度，视国法于不顾，都可按条例惩处。"于是，傅咸便举出数人上报朝廷。这些平日里趾高气扬的贵族们觉得傅咸不能把他们如何，心里满不在乎。傅咸面对这些顽固不化的皇亲国戚们，并没有气馁。他多次上书惠帝，尖锐地指出："奢侈之费，甚于天灾。"由于他的劝谏，惠帝终于下定决心罢免了一些官员。从此朝中大臣因心中惧怕，均有所收敛。于是，人们都说傅咸为官严正，疾恶如仇。

13. 金玉其外败絮其中

刘基，字伯温，辅佐朱元璋建立明朝，后被任命为御史中丞。刘基曾作一篇题为《卖柑者言》的文章，记载了他的一次亲身经历。夏日里的一天，刘基发现一个小贩的柑子金黄油亮，非常新鲜，便买了几个。回家后，刘基却发现柑皮里面的果肉干缩得像破旧的棉絮一样。气愤不已的他便去找小贩理论。哪知小贩却不慌不忙地笑道："我这样做生意已经好多年了，还从没有人像先生您这样。"顿了一顿，他接着说："当今世上到处都有骗人的事，岂止我一个？请问，那些威风凛凛的武将，从装束看，比孙子、吴起还神气，可他们懂兵法吗？那些文官头戴高帽，身穿朝服，器宇轩昂，可他们真有治理国家的本领吗？盗贼横行，他们不能抵御；百姓困苦，他们不能救助；贪官污吏，他们不能处置；法纪败坏，他们不能整顿。他们身居高位，住着华美的房舍，骑着高头大马，每个人都装得道貌岸然、一本正经，可又有哪个不像我所卖的柑子那样，表面上如金似玉，内心里却像破旧的棉絮？"刘基无言以答。

14. 精诚所至金石为开

西汉时期，有一个著名将领叫李广。他精于骑马射箭，作战非常勇猛。一次，他去冥山南麓狩猎，忽然发现草丛中蹲伏着一只猛虎。李广急忙弯弓搭箭，全神贯注，用尽气力，一箭射去。李广箭法很好，他以为老虎一定中箭身亡，于是走近前去，仔细一看，哪知被射中的竟是一块形状很像老虎的大石头。他发现自己刚才所射的箭不仅箭头深深插入石中，而且箭尾也几乎全部没入其中。李广很惊讶，不相信自己能有这么大的力气，于是想再试一试，就往后退了几步，张弓搭箭，用力向石头射去。可是，一连射了几箭都没有射进。有的箭头破碎了，有的箭杆折断了，而大石头一点儿也没有受到损伤。人们对这件事情感到很惊奇，百思不得其解，于是就请教学者扬雄。扬雄回答说："这不仅仅是因为李广的力气特别大，更重要的是由于他精神集中，所以出现了奇迹。只要诚心所至，即使像金石那样坚硬的东西也会被打开，更何况是人呢！""精诚所至，金石为开"这一成语便由此流传开来。

15. 鞠躬尽瘁

　　公元220年，曹操的儿子曹丕废去汉献帝，自己做了皇帝，改国号为魏，即魏文帝。不久，占据四川一带的刘备也宣告登基，即历史上所谓的蜀汉"先主"。刘备任命诸葛亮为丞相，定都成都。这样，连同江南的东吴，就形成了魏、蜀、吴三国鼎立的局面。不久，刘备去世，他的儿子刘禅继位，历史上称为"后主"。诸葛亮仍任丞相，并受封为"武乡侯"，执掌蜀汉的军政大权。诸葛亮是一贯主张联吴抗魏的。他一面和东吴结好，一面南征孟获，平定南中诸郡，以消除后顾之忧，然后操练兵马，积极准备北伐魏国。出征前，他曾上表后主，力劝刘禅听信忠言，任用贤臣，疏远小人，这就是流传千古的《前出师表》。但是，这次北伐没有成功，诸葛亮暂时退兵回蜀。后来，他再次发动北伐，蜀国有不少官员极力反对。诸葛亮因此又上一表，说明蜀汉与曹魏势不两立，必须北伐的道理，即《后出师表》。在这篇宏文伟论中，诸葛亮表示自己要为蜀汉事业"鞠躬尽力，死而后已"，字里行间，无不体现出一位忠臣贤相的高风亮节。

16. 鸡犬不宁

唐朝中期，宦官专权，藩镇割据。统治者为了筹措军费，横征暴敛，使得老百姓生活困苦不堪。这年，唐朝著名文学家柳宗元被贬到永州担任司马。他目睹了民不聊生的悲惨局面，便写下了著名的《捕蛇者说》，无情地批判了当时的黑暗社会。文中写道：有一个捕蛇人，祖父和父亲都被毒蛇咬死了，可他仍然继续捕蛇。是什么原因使他不愿放弃这个既辛苦又危险的工作呢？他说，如果捕到毒蛇，他的命运就比其他乡邻好多了。乡亲们早已倾家荡产，一听缴纳赋税，人心惶惶。差役们冲进村子里，横冲直撞，怒吼恶骂，甚至大打出手。那种大难临头的场面，连鸡狗都不得安宁！而捕蛇人却因为能捕到毒蛇换取钱财而生存下来，所以他感到万分侥幸。柳宗元不禁感叹："对老百姓来说，官府沉重的赋税比毒蛇还厉害千万倍啊！"

17. 克己奉公

祭遵，字弟孙，东汉初年颍阳人。他从小勤奋好学，知书达理，虽出身豪门，但生活非常俭朴。后来他投奔了刘秀，担任军中执法官，负责军营的法令。任职期间，他严明执法，不徇私情，大家都很佩服他。有一次，一个刘秀非常宠信的侍从犯了罪。祭遵查明真相后，依法将他处以死刑。刘秀非常生气，责怪祭遵处罚他亲近的人，要降罪于他。但刘秀身边的大臣马上劝谏说："您曾要求过军中应军纪严明，秉公执法。如今祭遵依法办事，并没有错，您为什么要处罚他呢？只有像他这样言行一致的人，才能号令三军，统率军队呀！"听了这番话，刘秀也觉得很有道理，不但没有治祭遵的罪，反而还封他为征虏将军、颍阳侯。祭遵为官清正，处事谨慎、克己奉公。他常常把刘秀给他的赏赐分给下人，自己分文不取。他的生活十分俭朴，家里也没有多少财产。祭遵死后多年，刘秀对他仍十分怀念。

18. 口蜜腹剑

李林甫是唐玄宗时的兵部尚书兼中书令，位高权重。此人知识渊博，能书善画，但是人品极差。他忌贤妒能，凡是才能比他强、声望比他高的人，他都会想方设法不择手段地打击排挤。对唐玄宗，他则阿谀奉承，竭力迁就，并且采取种种方法和手段，巴结讨好唐玄宗宠信的嫔妃和心腹太监，博取她们的欢心和支持，以便保住自己的地位。李林甫与人交往时，总是表现出一副和蔼可亲的样子，嘴里说的都是些动听的话，心里却琢磨着怎么害人。有一次，他假装诚恳地对同僚李适之说："华山出产大量黄金，若能开采出来，就可大大丰富国库，可惜皇上还不知道。"李适之信以为真，赶忙跑去建议玄宗开采华山矿藏。玄宗听了非常高兴，就召李林甫前来商议。李林甫却说："我早知此事，华山是历代帝王的'风水宝地'，怎么能随便开采呢？别人劝您开采，恐怕是不怀好意。"唐玄宗又一次被李林甫蒙蔽，还认为他是忠臣，于是逐渐疏远了李适之。李林甫就这样排挤了许多有才之士，使朝中忠臣良将越来越少，因此百姓称李林甫"口有蜜，腹有剑"。

19. 狼狈为奸

狼和狈是两种野兽，它们的外形十分相似，习性也非常相近。它们之间所不同的是：狼的两条前腿长，两条后腿短；而狈正好相反，它的两条前腿短，而两条后腿长。这两种野兽时常一起出去偷吃人类饲养的家畜。一次，狼和狈经过一家农户的羊圈时，打起了羊的主意。可是，羊圈筑得很高，又很坚固。怎么办呢？它们下意识地互相看了看对方的腿，灵机一动，想出了办法：先由狈用两条长长的后腿站立着把狼高高地扛起来，狼再用它长长的前腿攀住羊圈，把羊叼走。于是，狈便蹲下身，让狼爬到它的身上，它再用前脚抓住羊圈的竹篱慢慢把身子直立。然后狼将两只后腿站在狈的脖颈上，前腿攀着竹篱一点点地站直，接着把两只长长的前腿伸进竹篱，猛地抓住了一只羊。在这次偷羊的过程中，如果狼和狈单独行动，都不可能得手，但它们却会利用彼此的长处相互勾结，所以人们称之"狼狈为奸"。

20. 两袖清风

明朝时期的于谦是著名的民族英雄和诗人。他深得明宣宗的赏识，被破格提拔为河南、山西巡抚。尽管身居高位，他的生活却十分俭朴。宣帝驾崩之后，太子朱祈镇继位，即明英宗。英宗年少，宦官王振专揽朝政大权，他勾结宫廷内外的官僚，为所欲为。大臣们对他十分忌惮，阿谀奉承，称他为"翁父"。于谦为人刚正不阿，秉性高洁，十分不满王振的独断专行。因此，王振十分忌恨于谦。当时流行这么一种风气，外省的官员进京朝见皇帝或办事时，都要献上重金或礼品贿赂朝中的达官贵族，否则事情就不能顺利地办好。于谦担任巡抚时，从外地回到京城，他的手下建议他买些土特产孝敬权贵。于谦断然拒绝了，他甩了甩衣服的两只宽大的袖子，说："我就带两袖清风去好了。"回家之后，他写下了《入京》这首七绝诗。诗的大意是：绢帕、麻菇、线香本是百姓用品，现在反而成为祸害；我去朝见天子不带任何东西，免得让别人说闲话，议论纷纷。

21. 劳苦功高

秦末起义军中，刘邦所率军队率先攻入秦都咸阳。按照当初约定，先入关中者为关中王。项羽军后至，他恐刘邦先入为王，便欲兴兵讨伐。项羽到了函谷关，把军队驻扎在鸿门，准备与刘邦一决胜负。当时，刘邦与项羽的军队实力悬殊太大，形势对刘邦非常不利。项羽的叔父项伯是刘邦军中重要谋士张良的朋友，于是答应为刘邦从中调停。第二天，刘邦带了一百多名随从，到鸿门向项羽谢罪。酒席间，项羽的谋士范增擅自让项庄以舞剑助兴的名义刺杀刘邦。项伯见状也拔剑起舞，以身体掩护刘邦，使项庄无从下手。张良见形势不妙，便去营外找到与刘邦同来的将领樊哙。樊哙得知情况后立刻一手握剑，一手持盾，冲进营门。项羽了解樊哙的身份后，赏给他一杯酒和一只生猪肘。樊哙说："我有几句话要奉劝大王，楚怀王曾跟起义将领约定：'先入咸阳者为王。'现在沛公攻破秦军进入咸阳，秋毫无犯，等待大王到来。沛公这样劳苦立下功劳，不但没有封侯的赏赐，大王反而听信谗言想杀他，这是在继续走秦亡的道路，不应该啊！"项羽无言以对，刘邦则以上厕所为由不辞而别。

22. 迷途知返

晋代大诗人陶渊明在中国文学史上是非常有名的。虽然其家世代为官，但他八岁丧父，十二岁丧母，家境非常贫寒。而陶渊明人穷志不短，勤奋读书。后来，他在叔父的引荐下成为彭泽（今属江西）县令。然而，陶渊明本性热爱自然，上任没几天便思念故土，想辞官归去。他觉得，出来当官只是为了糊口，可衣食无忧之后却由于所做之事违反了内心本意，非常痛苦。不久，陶渊明的妹妹在武昌（今河北鄂城）去世。他想立刻去吊唁，于是辞去了官职。就这样，陶渊明仅仅当了八十多天的官就又过上了田园生活。又据记载，陶渊明是因不肯屈从于郡里派来的一个盛气凌人的督邮，才交出官印，隐居田园的。陶渊明隐居后，便写下了《归去来兮辞》。在这篇赋的序中，他总结了自己走过的生活道路，认识到过去虽已无可挽回，但未来的事还来得及弥补。意思是出来当官已错，现在归隐还来得及。自己确实迷失了道路，好在虽迷了路但还知道回来。他的许多田园诗正是在此之后创作出来的。

23. 明察秋毫

　　齐桓公小白、晋文公重耳曾在春秋时先后称霸，统领诸侯，是霸主中的代表。几百年后，战国时的齐宣王田辟强也想称霸，因此他向孟子请教。齐宣王对孟子说："您能把有关齐桓公、晋文公的事迹讲给我听听吗？"孟子答道："对不起，我们孔夫子的门徒向来不讲霸主的事。我们只讲王道，用道德的力量来统一天下。"齐宣王问道："那要有怎样的道德才能统一天下呢？"孟子说："我听说，有一次新钟铸成，准备杀牛祭钟，您看见好好一头牛，无罪而被杀，心中感到不忍。凭您这种好心，就可以行王道，施仁政，统一天下。问题不在于您能不能，而在于您干不干罢了！比方有人说：'我的力气能举重三千斤，但举不起一根羽毛；眼力能看清秋天鸟兽毫毛那样细微的东西，却看不见满车的木柴。'您相信这种话吗？"齐宣王说："当然不相信！"孟子紧接着说："是呀，不能相信。如今您的好心能用来对待动物，却不能用来爱护老百姓，这也同样难以叫人相信。老百姓之所以不能够安居乐业，是您根本不去关心的缘故。显然，这都是干与不干的问题，而不是能与不能的问题。您问能不能行王道，统一天下，问题也是如此，是不去干，而不是不能干！"

24. 奴颜婢膝

宋钦宗靖康二年（公元1127年），金兵攻破汴梁，钦宗赵桓的弟弟、徽宗的儿子赵构跑到应天府做起了皇帝，建立了半壁河山的南宋小朝廷，后迁都临安，且屡对金人屈服，苟延残喘，安于现状。到理宗赵昀时，任用了一个像秦桧一样的奸臣做宰相，即贾似道。贾似道，字师宪，乡痞出身，因姐姐入宫当了贵妃，他才得以做官。他极善巴结，于理宗淳元年（公元1241年）做了地方大官；到理宗宝祐四年（公元1256年）就做到了参知政事，不久又加知枢密院事，掌握了朝中大权。后鄂州被围，贾似道领兵赴援，竟私下向蒙古侵略者奴颜婢膝地称臣纳贡。蒙古得到实惠，退了兵，他却谎称"大捷"。糊涂的理宗竟大表其功，升他做了右丞相。他又乘机将左相吴潜赶下台，独揽了朝政，并一直媚外乞和，对内豪夺，荒淫无耻。理宗死后，度宗赵做了皇帝，加封他为太师。此后，他权倾内外，更加跋扈，一切政事都在他的葛岭私宅中商议。襄阳被围四年，他一直不报不理，只一味向蒙古乞怜，送重礼。朝臣都吓得不敢说话，惟有一个人狠狠地揭露了他。这个人叫陈仲微，为人刚正，曾因得罪贾似道而被罢官。可是他复官后，就立即上书痛陈时弊。其中有："……凡前日之日近冕旒，朱轮华毂，俯首吐心，奴颜婢膝，即今日奉贼称臣之人也。"

25. 攀龙附凤

《汉书》中将追随刘邦得做高官的几个人评论为依附刘邦、吕后的势力，即"攀龙附凤"得以显贵的。他们是：樊哙、郦商、夏侯婴、灌婴。樊哙，秦末沛县人，是刘邦的同乡，出身低贱，娶吕雉的妹妹吕须为妻，是刘邦的连襟，可以说是"附凤"。秦二世胡亥元年（公元前209年），樊哙随刘邦起事，首战立功，被赐封号"贤成君"；随刘邦入关后，曾怒闯"鸿门宴"，斥责项羽，护卫刘邦脱身，赐爵列侯，号为"临武君"，升任郎中、郎中骑将；刘邦做了皇帝以后，封为舞阳侯，再升为左丞相，死后谥为武侯。郦商，秦末高阳人，秦二世元年聚众起事，不久即投奔刘邦，定汉中，赐爵信成君，为陇西都尉。刘邦做了皇帝以后，他升任右丞相，被封为曲周侯，谥为景侯。夏侯婴，秦末沛县人，是一个掌管养马的小官，与刘邦同乡，又是好友，参与刘邦一同起事，官为"太仆"、"常奉车"，破秦入关后，赐爵昭平侯。刘邦大败于彭城，狼狈逃跑时，他救了吕后与刘盈（刘邦的儿子，后来的汉惠帝）及刘邦的女儿鲁元公主。刘邦做了皇帝后，封他为汝阴侯，谥文侯。灌婴，秦末睢阳人，早年贩卖缯，跟随刘邦起事，号宣陵君；破秦入关后，号文昌君；入汉中后，升郎中；刘邦做了皇帝以后封他为颍阴侯。后灌婴因参与周勃、刘章等人平诸吕之乱，被汉文帝刘恒封为太尉，不久，又封为丞相，谥懿侯。《汉书》因为这四人都出身微贱，却做了高官，所以称他们为"攀龙附凤"。

26. 平易近人

　　周公是周武王的弟弟，曾辅佐周武王攻打商朝，为西周王朝的建立立下汗马功劳。后来，周武王封他为鲁公，让他掌管曲阜，但是他没到那里去，而是继续留在京都辅佐周武王。他让长子伯禽接受鲁公的封号，掌管曲阜。伯禽来到曲阜后，过了三年才向周公汇报此地的施政情况。周公非常不满意，问他说："为什么你这么迟才来向我报告？"伯禽答道："改变那里的习俗，革新那里的礼法，需要三年的时间才能看出效果，所以我这么迟才来。"在这之前，曾辅佐过文王、武王的姜尚被周武王封在齐地。他只用了五个月的时间，便来向周公报告在齐国的施政情况。当时，周公对他这么快就回来感到很惊奇，便问他用了什么方法治理齐地。姜尚回答说："在那里，我把君臣之间的礼节大大地简化了，一切按照当地的风俗办，所以很快就有了成效。"因此，当周公听到伯禽所作的汇报后，不由地叹息道："唉，鲁国的后代将要成为齐国的臣民了！政令不简约易行，老百姓就不会亲近它；政令平和易行，百姓就一定会归附！"

27. 趋炎附势

　　宋朝有个叫李垂的人，字舜工，博州聊城人，为人忠耿刚正。宋真宗赵恒咸平年间，李垂登进士第，后升迁为著作郎、馆阁校理。他既有才干，又甚为尽职，口碑甚佳。只是由于他不肯走动权贵，无晋升之门，一直屈尊下位，因此，有许多好心人劝他去拜见丁谓。丁谓，真宗景德年间任左谏议大夫、权三司使，由于善于迎合皇帝，被任为宰相，权倾朝野，炙手可热，百官升降皆由其意。正是由于眼见许多远不如李垂的人都因巴结丁谓而迁居要职，所以才有人劝李垂走一走丁谓的门路。李垂却不屑地说："丁谓作为宰相，不以公道来回报天下厚望，却仗恃权力作威作福，我才不去拜见他呢！" 李垂不但不去巴结，反而往往直言抨击。因为如此，他得罪了丁谓，被贬出京，降职外任。直到宋仁宗赵祯明道年间，他已经六十岁了，才被召回京。有个叫李伯康的阁门祗侯（典司皇帝诏诰的官）十分敬佩李垂，就劝他去拜见新宰相，求得了解，肯定会被予以重用。李垂说："我过去若是肯去拜见丁谓，早已经是翰林学士了！现在已经老了，只想见到大臣们不公时，当面指责他们的过失，怎么能趋炎附势，看人家脸色，以求得推荐引进呢！"

28. 曲高和寡

宋玉，战国时期楚国人，是我国历史上著名的文学家，与唐勒、景差等人同继屈原之后，光大楚辞传统。他虽不及屈原，却在同代人中成就最著，后在楚为官，由于能言善辩，文才出众，遭到许多同僚的嫉妒，不断地在楚王面前说他的坏话。楚顷襄王听得太多，就问宋玉说："你是怎么搞的，惹出了这么多闲言碎语？" 宋玉凭他雄辩的高才为自己据理力辩。顷襄王说："你说的倒也在理，可为什么那些人偏偏与你不和，专说你的坏话呢？这到底是什么原因？如果你能讲出令人信服的道理，我就算这些人说的都是假话；不然的话，你说得再好，也是没用的！"宋玉当即回答说："大王请听，为臣为大王您举个实例。有个外地人来到了郢都。有一天，他在闹市里唱起歌来。开始唱的是楚国当时民间的歌曲"下里巴人"，由于曲调通俗，会唱的人很多，因此，跟着他一起唱的有好几千人；不久，他又唱起了格调稍为高雅的"阳阿"，跟着他一起唱的，就只有几百人了；后来，他引吭高歌，唱起了更为高雅的"阳春白雪"，难度更大，所以，跟着他唱的也只能有几十个人了；最后，他将五音特色调和发挥，使乐声达到极境，就没有几个人能应和了。这道理就是：歌曲越高雅，能够跟着唱的人就越少啊！"

29. 视死如归

管仲是春秋初期著名的政治家。齐桓公曾任命当时的大夫鲍叔牙为宰相，被鲍叔牙婉言拒绝，他向齐桓公举荐了管仲。于是齐桓公就向管仲询问有关治理天下、复兴国家的方略。管仲答复齐桓公说："大量开垦土地，大规模地扩建城镇，发展生产，利用有限的土地创造尽可能多的财富，我不如宁越，请派他去做管理经济的官员；能够察言观色，审时度势，熟悉礼仪，举止得体，说话有分寸，我不如隰朋，请派隰朋去管理外交；能够不辞辛劳、不计较个人利益甚至不惜牺牲个人生命冒死进谏，我不如东郭牙，请派他主管监察；整肃军队，打仗英勇，把死亡看得像回家一样，我不如王子城父，请派他去统率军队；断案英明，不枉杀无辜，我不如统章，请派他管理司法。如果您想富国强兵，有这五个人就足够了；

若您想称霸天下的话，还得依靠我管仲。"齐桓公很赞同管仲的话，任命他为宰相，并按照他所说的，分派了这五个人的官职。这五人果然干得非常出色。在管仲的辅佐下，齐国逐渐强大起来，齐桓公也成为一代霸主。

30. 丧心病狂

秦桧原是北宋的大臣，后随着宋徽宗、宋钦宗二帝一起到北方成为俘虏，投靠了金人。后来，他被金人放回南宋做内奸。在朝廷上，他提出与金人议和、南北分治的卖国主张。一心主和的宋高宗很赞成秦桧的主张，提升他为宰相，凡事都只和他一人商议，不许其他大臣参与。秦桧一方面对高宗阿谀奉承，另一方面还不断网罗主张投降的官员，迫害主战人士，从而遭到朝中大臣的谴责，老百姓也非常憎恨他。一次，金朝派使者来南宋谈议和条件。这个使者依仗金朝军事力量强大，态度很傲慢，所提条件都很过分，遭到主战官员一致反对，只有秦桧主张接受。当时任校书郎兼史馆校勘的范如圭也主张拒绝与金人议和。他准备与一些同僚联名上书高宗，反对屈辱求和。奏章写好后，其他人害怕秦桧报复，都打起了退堂鼓。于是范如圭就独自一人给秦桧写了一封信，指责他的卖国行为。信中写道："你秦桧如果不是丧心病狂，怎么能干出这种可耻的事情来呢？你这样做，必将遗臭万年，永远受到后代子孙的唾骂！"

31.　杀身成仁

　　有一次，孔子的弟子向孔子请教关于仁德与生命的问题。他问："您给我们讲的仁德、忠义都是非常对的。人与人之间互相关爱，彼此仁义地待人，确实是一种难得的美德。我也很想得到这种美德，但能够好好地活在这个世界上也是我的欲望。假如生命与仁德二者发生了冲突，我该怎么办呢？"孔子严肃地说："凡是真正的仁人志士，都不会因为贪生怕死而损害仁德。为了能够成全仁德，他们可以不顾自己的生命。"弟子听后非常佩服，恭敬地给孔子行了个礼。这时，孔子的另一个学生子贡又问道："仁德一定很不容易做到吧？我们应该怎样培养这种美德呢？"孔子回答说："仁德的培养可以从头做起。比方说，工匠要想做好活计，必须先有得心应手的工具；对于一个国家来说，应该选择贤良的人来辅佐；对于一个人来说，应该挑选那些士人当中的仁德之人交朋友。只有这样，才能培养起仁德的品性。"

32.　声名狼籍

　　秦始皇在位时，蒙恬、蒙毅兄弟俩很受信任，朝中大臣也都不敢招惹他们。秦始皇死后，中车府令赵高和宰相李斯图谋立皇帝幼子胡亥为太子，捏造罪名要害死皇帝长子扶苏和大将蒙恬。最终扶苏自杀，蒙恬被软禁起来。胡亥即位后，赵高不断地在胡亥面前说蒙恬、蒙毅的坏话。胡亥听信了谗言，便诬陷蒙毅曾经劝阻秦始皇立自己为太子，对君不忠，要把他处死。蒙毅觉得很委屈，于是为自己辩驳说道："从前秦穆公杀死三位忠臣殉葬，又枉杀了奚；秦昭王杀死武安君白起；楚平王杀伍奢；吴王夫差杀了伍子胥。这四个国君都因杀害良臣，遭到天下人的指责，因此他们的名声都很不好。用正道治理国家，是不能枉杀无辜的！我劝你不要滥杀无罪之人！"胡亥对蒙毅的话置之不理，最后还是把他杀死。蒙恬最终也被迫自杀。

33. 司马昭之心

三国后期，魏国的大权逐渐被司马家族所掌握。高贵乡公曹髦在位时，司马昭任大将军。曹髦见曹氏日益衰败，司马昭越来越专横，心里非常愤恨，于是写了一首题为《潜龙》的诗，借以表达自己苦闷的心情。司马昭看到这首诗后，勃然大怒，在朝堂上大声斥责曹髦，吓得曹髦一身冷汗，不敢出声。曹髦回到后宫，觉得司马昭有篡位之心，而且大家都已知道他的心思。他再也忍受不了这样的日子了，决定采取果断措施除掉司马昭。于是曹髦便召集亲信大臣密谋。他说："司马昭企图篡夺帝位的野心，是人所共知的。我不能坐以待毙，今天要与你们一起讨伐他。"众大臣都不同意，但曹髦已等不及了，拔出宝剑，登上马车，带领宫中侍卫、仆从三百多人，向司马昭的府第进发，后来被司马昭的卫兵当场杀死。

34. 贪求无厌

春秋末期，周朝的统治分崩离析，各诸侯纷纷独立，割据一方。晋国是其中实力较强的一个诸侯国。晋国有赵襄子、魏桓子、韩康子、范氏、智伯、中行氏六个上卿。其中，智伯野心勃勃，千方百计地想扩展自己的势力范围。他先联合韩、赵、魏三家攻打中行氏，强占了中行氏的土地。过了几年，他又强迫韩康子割让出一块有一万户人家的封地。接着，他又威逼魏桓子。魏桓子迫不得已，也只好割地求和。获得这三位上卿的土地后，智伯得意忘形，以为天下所有人都害怕自己，便又要求赵襄子割让蔡和皋狼这两个地方。赵襄子坚决不肯答应。智伯恼羞成怒，胁迫韩康子和魏桓子一同讨伐赵襄子，双方在晋阳对峙了三年。赵襄子采纳谋士张孟谈的计策，说服韩康子和魏桓子与自己联合起来，乘夜出兵偷袭智伯，将他杀死。智伯因为十分贪心，永远得不到满足，终于落了个亡命的下场。

35. 贪生怕死

梁国是西汉的一个诸侯国。西汉末年，刘立被封为梁王。他荒淫残暴，鱼肉百姓，割据一方，为所欲为。汉成帝驾崩，哀帝即位后，刘立更加恣意妄为，无视朝廷的法制，任意杀害下属中郎曹将等人。哀帝知道后，十分生气，派官员去审理此案。刘立假装生病，卧床不起。办案官员于是透露风声说，哀帝将要下旨收缴梁王的印玺，并要将他囚禁起来。刘立这时才意识到事态严重，连忙取下王冠，跪在地上请罪。他说自己犯罪是因为自幼失去父母，在宫中受到宦官、宫女的影响，染上了恶习；而一些大臣也经常在哀帝面前搬弄是非，以致哀帝对自己感到不满。接着，他又说："我杀了中郎曹将，原想现在冬季快过去，新春大赦就要到了，我害怕被处死，所以想假装生病，拖到明年春天就可以得到赦免。"果然，到了第二年春天，哀帝大赦天下，刘立侥幸逃脱了处罚。后来王莽篡夺汉朝政权后，刘立被废为平民，不久便自杀而死。

36. 万死不辞

经过黄巾军起义，东汉王朝开始摇摇欲坠。相国董卓把持了朝政，凌驾于皇帝之上，十分骄横。司徒王允见了，很是为汉王室担心，但又无法除去董卓。一天晚上，他来到后花园，忽然听见有人在叹息。走上前，见是家里的歌妓貂蝉，王允便问她为什么叹气。貂蝉答道："承蒙大人恩惠，让我练习歌舞，又以礼相待，我纵然粉身碎骨，也不能报答您的大恩。近日来，我见大人双眉紧锁，一定是在为国家大事操心，所以我心里很是忧伤。如果大人您有用得着我的地方，我一定会效力，纵然是死一万次也绝不会推辞。"王允听后心里一动，便想出了一条"连环计"：他先将貂蝉许给了董卓的义子吕布，又将她献给了董卓，让貂蝉在中间制造矛盾，离间董卓和吕布的关系。最后，经貂蝉的挑拨，吕布杀死了奸臣董卓。

37. 惟命是从

公元前 597 年，楚庄王亲率大军攻打郑国。由于楚国强大，郑国弱小，三个月后，郑国的都城便被攻破了。郑襄公被逼无奈，只得脱光上衣，裸露上身，牵着一只羊到大路上迎接楚庄王，并向他求饶说："我没有承受天命，不能很好地侍奉大王，使大王面带怒容地来到我们这个贫困的地方，这都是我的过错。以后，大王要我做什么我就做什么。您将我俘虏到江南，流放到海边，我也听从您的安排。您要灭亡郑国，将郑国的土地分给诸侯，让郑国的女人做婢妾，男人做奴仆，我也服从。如果承蒙大王还念及过去两国的友好，不灭掉郑国，让郑国和您的许多属国一样侍奉您，就是您对郑国的最大恩惠了，也是我的心愿。现在，我已经把我心里的话大胆地说出来了，请君王裁决吧。"楚庄王看到郑襄公一副可怜的模样，便说："一个国家的君王能够自己表示顺从，一定可以获取百姓的信任，我们还是各自治理自己的国家吧。"于是，楚庄王允许郑国求和，并且还和郑国订立了盟约。

38. 为虎作伥

传说被老虎吃掉的人，死后变作"伥"，伥会死心塌地地为老虎奔走效劳。

有个叫马拯的读书人，爱好游历山水。这一天，他来到五岳之一的南岳衡山。衡山风景秀丽，马拯忘情山水，在松林间转悠，不知不觉到了黄昏，看来这个晚上他是走不出去了。

马拯正着急，忽然看到前面大树上搭着一个窝棚，上面一个猎人正朝他示意。马拯一低头，看见原来就在前面不远是猎人设的一个陷阱，马拯吓了一跳说："好险！"

猎人从树上跳下来，问道："你是什么人？怎么天黑了还在林子里转悠？"

马拯把自己贪恋山水而忘了时间的事说给猎人听了。猎人说："这里老虎很多，十分危险，你一个人不要再走了，就在我这里过一夜吧。"猎人边说，边走到陷阱边，架好捕虎用的机关，然后带马拯登上大树的窝棚。马拯一个劲道谢。

半夜里，马拯从睡梦中醒来，忽听得树下叽叽喳喳有许多人在讲话，声音越来越近。马拯警觉起来，借着月光，看见前面走来一大群人，有男有女，有老有少，总共怕有几十人。这些人走到马拯和猎人栖身的大树近旁时，忽然走在前面的那人发现了陷阱，十分生气地叫起来："你们看！是谁在这里暗设了机关陷阱，想谋害我们大王！真是太可恶了！是谁竟敢如此大胆！"说着，和另外两个人一起将猎人设在陷阱上的机关给拆卸下来，然后才前呼后拥互相招呼着走过去了。

待这伙人走后，马拯赶紧叫醒猎人，把刚才的一幕告诉了猎人。猎人说："那些家伙叫做伥，他们原本都是被老虎吃掉的人，可是他们变作伥鬼后，反而死心塌地为老虎服务，晚间老虎出来之前，他们便替老虎开路。"马拯听后明白了，他对猎人说："那他们刚才所说的大王一定是老虎了。老虎可能不多久就要来了，你赶快再去把机关架好。"

猎人敏捷地从树上下来，把陷阱上的机关重新架好，刚登上大树，只听一阵狂叫，一只凶猛的老虎从山上直蹿过来，一下扑到陷阱的机关上，只听"嗖"的一声，一支弩箭弹出，正中老虎心窝。只见老虎狂暴地跳起，大声吼叫，叫声直震得松林发抖，老虎挣扎了一阵，倒在地上死了。

老虎巨大的哀叫声，惊动了已走了很远的伥鬼们，他们纷纷跑回来，趴在胸口还流着血的死老虎身上大哭起来，边哭还边伤心地哀号着："是谁杀死了我们大王呀！是谁杀死了我们大王呀！"

马拯在树上听得明白，不由得大怒，他厉声骂道："你们这些伥鬼！自己是怎么做的鬼还一点不知道，你们原本就死在老虎嘴里，至今还执迷不悟，还为老虎痛哭！真令人气愤！"

这些伥鬼，自己明明被坏蛋害死，可是死后还要做坏蛋的帮凶，实是可恨。

39. 信口雌黄

魏晋时期的上层社会盛行清谈之风，西晋大臣王衍就是个很有名的清谈家。他从小就口齿伶俐，曾在文学名家山涛府上做客。大家都对他清秀的外表和文雅的举止加以称赞，但山涛却感叹道："日后耽误天下的，就是这种人啊！"王衍成年后，善于用老子、庄子的学说解释儒家经义，讲的时候，满嘴都是空虚的怪话。他讲话时轻声慢语，每次遇到讲错的地方，都毫不在乎地随口更改。因此，人们称他"口中雌黄"。王衍做事也是这样。他先是看太子很有前途，就把女儿嫁给太子为妃。后来太子被别人陷害，他怕牵连到自己，又立刻上书请求与太子脱离关系。太子的冤案真相大白后，他被判终身禁锢。在这之后的"八王之乱"中，王衍被两位很有权势的王爷看中，任命他为尚书令。他只顾着扩大自己的势力，而不管天下百姓。当西晋灭亡时，他还随口说："我一向不干预朝政，罪不在我。"不过，王衍还是难逃一死，最终被敌军活埋在瓦砾堆里。

40. 雪中送炭

范成大是南宋时期的著名诗人，晚年隐居故乡苏州石湖，因此自称石湖居士。他一生写了许多诗歌，而且诗作风格多样，以清新典雅为主要特色。他留下的《石湖居士诗集》中，包含了他的许多著名的诗句。在他的《大雪送炭与芥隐》诗中有这样两句："不是雪中须送炭，聊装风景要诗来。"成语"雪中送炭"就是从范成大的诗句中简化而来的。在《宋史·太宗纪》中记述了这样一个故事：有一年冬天，下了一场非常大的雪，天气变得十分寒冷，人们都躲在屋里避寒。宋太宗正在皇宫中休息，一边烤火取暖，一边品尝着各式各样的美味佳肴。当他看到窗外飘着纷纷扬扬的大雪时，忽然想到了那些可怜的穷人，他们吃不饱，穿不暖，正在大雪中挨饿受冻。于是宋太宗马上派出手下的官员，带上许多粮食和木炭，出了皇宫，来到老百姓们生活的地方，把粮食和木炭送到那些穷人和孤苦伶仃的老人手中。这样一来，他们就能有米做饭，有木炭生火取暖了。

41. 洗耳恭听

上古时侯，尧帝听周围的人说许由是一个很有本事的高人，于是就打算让许由来接替自己的帝位。尧派使者来到许由隐居的箕山，请他出来，没想到，许由却说："我才不会希罕帝位呢!"使者只得灰溜溜地走了。许由觉得使者的话污染了他的耳朵，于是马上跑到山下颍水边洗耳。他的朋友巢父正巧也在河边，给牛饮水，见到许由便问："你在干什么呢?"许由向他讲述了事情的经过，又说："因为听到了不干净的话，所以我必须把我的耳朵洗干净!"巢父向许由撇了撇嘴，说："都是你在外面老爱显示自己，那么招摇!现在麻烦来了吧，你还洗耳朵干什么? 这都怪你自己不好! 你别洗了，别弄脏了我家牛的嘴!"说完，看都不看许由一眼，牵着牛就走了。在传说中，这个故事叫"箕山洗耳"，而现在人们所讲的"洗耳"和以前的有了很大的不同: 当时许由是因为高傲自大，不愿听使者的话而洗耳; 现在所说的"洗耳"，却是准备认真领教的意思，一般说成"洗耳恭听"。就是洗净耳朵去恭敬地听取别人有益的话或欣赏优美动听的音乐。

42. 一诺千金

秦末汉初，楚地有个叫季布的人，他性情耿直，为人豪爽，乐于帮助别人。只要是他答应别人的事，无论多么困难，他都会想尽一切办法办到。楚汉相争的时候，季布是项羽手下的大将，曾几次为项羽出谋划策击败汉军。刘邦当皇帝以后，下令通缉季布。当时许多人都因为仰慕他的为人而暗中帮助他。季布曾化装到山东一朱姓人家当佣工，朱家知道他是季布便收留了他，而且还托人去向刘邦老友汝阴侯夏侯婴说情。刘邦在夏侯婴的劝说下，撤销了对季布的通缉，还封他做了郎中。季布有个同乡叫曹邱生，专爱结交达官显贵，借以向众人炫耀自己，季布一向就很瞧不起他。他听说季布做了大官，马上就来巴结季布。季布一听曹邱生来了，马上就虎起了脸，打算数落他几句，让他难堪。谁知，无论季布的态度多严厉，曹邱生依旧陪着笑脸，鞠躬作揖，跟他叙家常，并吹捧他说："我听说楚地到处流传这样一句话，'得黄金百斤，不如得季布一诺'。"季布听到他的夸奖，心中很高兴，于是就留他住了几个月，并且待为上宾，临走时还送了他一份厚礼。曹邱生走后到处宣扬，从此，季布的名声越来越大了。

43. 一丘之貉

西汉宣帝时，当朝丞相杨敞的二儿子杨恽，为人正直，刚正不阿。他经常直率地当面指出别人的缺点和错误，并敢于揭发贪赃枉法的行为。为此招来很多人的忌恨，想除掉他。一次，他看到一幅反映古代暴君的画时叹道："皇上要能看到此画，并从中汲取教训，那我们就可以避免亡国了。"皇帝听到这话勃然大怒，认为杨恽是在讽刺自己，便命人把他带上大殿质问。杨恽说："我没有讽刺您的意思，只是希望您以史为鉴，不要重蹈覆辙。"宣帝大怒："看在你以前立过功的份上，这次就饶你一命，你回乡为民吧！以后不许再胡言乱语了。"就这样杨恽被革职还乡。过了几年，匈奴王被人杀死，杨恽写信给朋友说："一个无能的君主不采纳良臣的忠言，最后落得这般下场。像秦二世胡亥，听信奸臣，杀害忠良，结果终于走向亡国。如果他能听忠臣的建议，或许国家能一直保持到现在！古代的君王和今天的君王真像是一个小山丘上的貉一样，都差不多呀！"没想到这封信落在了与他有仇的太仆戴长乐手中，并将它呈给皇帝。皇帝看了大发雷霆，认为他屡教不改，于是下令将杨恽处死。

44. 一丝不苟

　　明朝初期，明太祖朱元璋下令禁止杀牛。一天，乡绅张静斋和举人范进相约去拜访知县汤奉。汤奉设宴招待他们，席间有位老者将一些人士拼凑起来的五十多斤牛肉送给他。汤知县一向受贿，可上朝又有禁令，一时不知如何是好，于是就问张静斋："刚才有几个人送来五十斤牛肉，要求对他们的政策放松一点，你说我收还是不收？"张静斋摇头道："万万使不得，我们都是朝廷命官，心中应只有皇上，不能收受贿赂，即使是与自己关系密切的人也不例外。"并举例说："洪武年间，有一次皇上到刘伯温家中造访，正巧江南的张士诚送来一坛子小菜。刘伯温打开一看，发现是一坛子金子。皇上见了勃然大怒，第二天就把刘伯温贬为青田知县，不久又将他毒死。"汤奉听张静斋说得头头是道，于是急忙请教该如何处理才好。张静斋说："你可以借此事大作文章，把这个老者和那几个人抓起来，用一副大枷锁了，把牛肉堆在枷上，并且出一张告示，说明他们胆大妄为。如果上司知道你办事一丝不苟，一定会提拔你的。"汤知县听了连连称是。

45. 一意孤行

西汉时，太尉周亚夫有个属官叫赵禹。此人文笔犀利，廉洁正直。汉武帝对他极为赏识，便任命他为太中大夫，参与制订国家法律。赵禹等人根据汉武帝的旨意，补充和修订了原有的法律条文，以约束办事的官吏。当时许多官员都请赵禹作客赴宴，希望他把法律条文修订得有回旋的余地，可赵禹从不作答回请。后来，赵禹等人决定制定"知罪不举发"和"官吏犯罪上下连坐"等律法，以限制朝廷官员。公卿们得知消息后纷纷去劝说赵禹，要他不要把法律定得太苛刻。谁知赵禹见了携带重礼而来的公卿们时，只是和他们天南地北地乱聊，根本不理会他们的暗示。公卿们见实在说不下去，只好起身告辞。在他们离开前，赵禹又把礼物一一退还给他们。人们这才知道赵禹是个真正廉洁正直的人。有人问赵禹，他是否考虑周围人对他的看法。他回答说："我这样拒绝好友或宾客的请托，就是为了自己能独立地决定、处理事情，按自己的意志办事，而不受别人的干扰。"

46. 以强凌弱

孔子有位朋友叫柳下季，他的弟弟跖是战国初期奴隶起义的领袖，人称盗跖。有一次，孔子去找跖，想劝他别再为害天下。跖对孔子说："你所说的话如顺从我心意就让你活命，如违逆我心意就让你死。"孔子说，跖足可以南面称王，但却被称为盗，应该以此为耻。听了这些话，跖非常生气，大声斥责孔子说："不要拿名利引诱我，把我当做愚昧的人。"然后，话锋一转，跖又说："自黄帝时起，就争斗不止，血战不停。尧和舜兴起后，又设立了百臣。商汤流放了他的国君，周武王杀死了商纣。从那以后，大家都凭借强大欺凌弱小，以多数侵略少数。所以自商汤、周武王开始，他们都已属于作乱的一类人了。现在，你却把文武那一套东西教给后世，蒙蔽天下之主，借以求得富贵。所以我认为，天下的盗贼都比不过你。为什么人们不叫你盗王，而偏叫我盗跖?"最后，跖说孔子所说的那些，都是他所不愿听的，并叫孔子立刻离开。孔子叹气说，自己这是自讨苦吃，摸老虎胡须还险些被老虎吃掉。

47. 欲加之罪何患无辞

春秋时，晋国国君晋献公宠爱妃子骊姬。骊姬为了使自己的儿子奚齐当上太子，先设计陷害早被立为太子的申生，使他被逼自杀；接着又诬陷献公的另外两个儿子重耳、夷吾与申生同谋，迫使他们逃亡国外。终于，奚齐在献公死后登上王位，大夫荀息辅佐朝政。后来，大夫里克和丕郑杀掉了奚齐和荀息。骊姬又让自己妹妹的儿子卓子当上了国君。里克和丕郑又杀了卓子，并将骊姬鞭打至死。接着，他们派人迎重耳回国当政，重耳没有答应。于是他们又想请夷吾归国为君。夷吾派手下芮出使秦国，寻求帮助，并允诺将送给秦国五座城池。终于，夷吾回到晋国继位，即晋惠公。从前，夷吾曾写信给里克，说自己即位以后要赐给他封地。可回国后，夷吾怕他拥立重耳造反，想杀了他。夷吾派人对里克说，他杀了两位国君、一位大夫，罪当该死。里克明白他的意思，悲愤地说："不把他们废了，主人怎能当上国君？要给人加上罪名，还担心没有借口吗？好，我就听从国君的命令吧！"说完这席话，里克便拔剑自刎而死。

48. 忠言逆耳

公元前 207 年，刘邦攻占咸阳后，进秦宫察看。秦宫内宝物无数，美女如云，让他感到前所未有的新奇与满足，产生了想好好地享用这一切的念头。樊哙是刘邦的部下，他看出刘邦的心思，就问他是要做一个富豪，还是要统领天下。刘邦说："当然是统领天下。"樊哙说："秦宫里珍宝无数，美女众多，这些都是导致秦朝灭亡的原因。请速返回灞上，千万不能留在宫中。"刘邦根本听不进樊哙所言。谋士张良知道后，对刘邦说："秦王昏庸无道，百姓才起来造反，您才得到了这一切。您替天下百姓除掉暴君，更应该维护形象，节俭度日。现在刚到秦宫就想享乐，怎么能行呢？忠诚正直的话不顺耳，但对行动有利；好药一般都很苦，但却能治病。望主公听从樊哙之言！"刘邦心想，拥有天下之后，美女、富贵迟早都会享受得到，于是听从了樊哙、张良的劝告，马上下令封库，关上宫门，返回灞上。

49．直言不讳

公元383年，在淝水之战中，东晋军大败前秦军，取得决定性胜利。当时孝武帝令熟悉情况的刘波坐镇北方，统督淮北各军。但刘波身患重病，正在家中卧床休养。接到这道诏书，刘波十分为难。他的身体状况使他不能够出征，而拒接诏书又不可能，所以十分矛盾。思前想后，刘波斗胆上了一道奏疏，把自己真实的想法全写了出来，包括一些希望和建议，供朝廷参考。他觉得自己已不久于人世，即使朝廷降罪又有何惧。文疏中写道："我想起本朝的开国历史，再联想到现今的时事，所以不顾戒律，放肆地、直率地、毫不忌讳地把想说的都说出来。"在奏疏中，刘波把自己认为合理的治国方法，以及如何使用人才等都一一写明。奏疏写好后，刘波就去世了。

50．专横跋扈

东汉时期，大将军梁商的儿子梁冀，相貌阴险凶恶，说话结巴。他从小放荡不羁，整天游手好闲，喜欢喝酒，常玩弹棋、蹴鞠等游戏，又喜好打猎、斗鸡。他依靠父亲和当皇后的妹妹的权势，官运亨通，先后担任过黄门侍郎、虎贲中郎将、步兵校尉、执金吾等官职。

汉顺帝永和元年，梁冀又被封为河南尹。他上任后，为非作歹，肆意搜刮百姓。他父亲的好朋友吕放，时任洛阳令。一次，吕放去拜访梁商，就把梁冀的所作所为告诉他。

梁商把梁冀狠狠训斥了一顿。梁冀怀恨在心，立刻派人在路上把吕放刺杀了。他害怕梁商知道真相，故意说是吕放的仇人害他的，请求让吕放的弟弟吕禹当洛阳令，去抓捕凶犯，又将吕放的宗族亲友、宾客一百多人迫害致死。

梁商去世后还没下葬，汉顺帝就封梁冀为大将军。梁冀控制了朝廷的军政大权，更是胡作非为，肆无忌惮。汉顺帝病死后，年仅两岁的汉冲帝刘炳即位，由梁太后代为执政。梁冀根本不把自己的妹妹放在眼里，更加恣意妄为。过了一年，汉冲帝也死了。为了专权，梁冀强立八岁的刘缵为帝，史称汉质帝。

汉质帝虽然年幼，但聪明伶俐，知道梁冀专横跋扈，他在朝堂上当着众臣的面指着梁冀说："此跋扈将军也！"梁冀听了，怀恨在心。于是命令手下在汉质帝的汤饼里下毒，第二天汉质帝就被毒死了。

第二章　智慧谋略篇

1. 背水一战

秦朝灭亡后，项羽和刘邦又展开了一场战争，这就是历史上的楚汉相争。

刘邦手下有一员大将，名叫韩信。韩信本来是淮阴人，项梁起兵以后，路过淮阴，韩信去投奔他，在楚营里当个小兵。项梁死后，韩信又跟了项羽，项羽见他比一般兵士强，就让他做个小军官。

韩信有好几次向项羽献计策，项羽都没有采用。韩信感到十分失望。等到汉王刘邦到南郑去的时候，韩信就投奔了汉王，被刘邦拜为大将。为了打败项羽，夺取天下，他向汉王详详细细分析了楚汉双方的条件，认为汉王发兵东征，一定能战胜项羽。汉王越听越高兴，只后悔没早点发现这个人才。打那以后，韩信就指挥将士，操练兵马，东征项羽的条件渐渐成熟了。

公元前205年，韩信偷袭魏王豹，灭掉魏国。十月，刘邦又派他与张耳率几万军队向东继续挺进，攻击赵国。韩信的部队要通过一道极狭的山口，叫井陉口。赵王赵歇和赵军统帅陈余立刻在井陉口聚集二十万重兵，严密防守。

赵王手下的谋士李左军对大将陈余说："韩信这次出兵，一路上打了很多胜仗，可谓是一路威风，现在他又乘胜远征，企图攻下赵国，其势锐不可挡。不过，他们运送粮食需经过千里之遥，长途跋涉。现在我们井陉山路狭窄，车马不能并进，汉军的粮草队必定落在后面。这样你暂时给我三万人，从小道出击，拦截他们的武器粮草，断绝他们的供给，汉军不战死也会饿得半死。你在这里坚守要塞，不与他们交战，他们前不能战，后不能退，用不了几天我们就可活捉韩信。"但大将陈余不听，仗着兵力优势，坚持要与汉军正面作战。

韩信了解到这一情况，非常高兴。他命令部队在离井陉三十里的地方安营，到了半夜，让将士们吃些点心，告诉他们打了胜仗再吃饱饭。随后，他派出两千轻骑从小路隐蔽前进，要他们在赵军离开营地后迅速冲入赵军营地，换上汉军旗号；然后韩信又派出一万人沿着河岸背水摆开阵势。背水历来是兵家绝地，一旦背水，非死不可。陈余得知消息，大笑韩信不懂兵法，不留退路，自取灭亡。

到了天明，韩信率军发动进攻，双方展开激战。不一会，韩信、张耳假装败退，向河岸阵地靠拢。陈余则指挥赵军拼命追击。这时，韩信命令主力部队出击，背水结阵的士兵因为没有退路，也回身猛扑敌军。这时韩信埋伏的两千轻骑兵，见赵军倾巢出击，立即飞奔驰入赵营，拔掉赵国的全部军旗，换上汉军的红旗。

赵军无法取胜，正要回营，忽然营中已插遍了汉军旗帜，于是四散奔逃。这时汉军两面夹击，赵军大败。士兵们杀死了陈余，抓获了赵王在庆祝胜利的时候，将领们问韩信："兵法上说，列阵可以背靠山，前面可以临水泽，现在您让我们背靠水排阵，还说打败赵军再饱饱地吃一顿，我们当时不相信，然而竟然取胜了，这是一种什么策略呢?"

韩信笑着说:"这也是兵法上有的，只是你们没有注意到罢了。兵法上不是说'陷之死地而后生，置之亡地而后存'吗? 如果是有退路的地方，士兵都逃散了，怎么能让他们拼命呢!"

这就是成语"背水一战"的来历，这个成语多用于军事行动，也可用于比喻有"决战"性质的行动，表示在没有退路的情况下与敌人决一死战。

2. 兵不厌诈

公元前 633 年，楚国攻打宋国，宋国向晋国求救。第二年春天，晋文公派兵攻占了楚的盟国曹国和卫国，要他们与楚国绝交，才让他们复国。楚国被激怒了，撤掉对宋国的包围，来和晋国交战。两军在城濮对阵。

晋文公重耳做公子时，受后母迫害，逃到楚国，受到楚成王的款待。楚成王问重耳以后如何报答，重耳说:"美女、绸缎等等，您都有了，我能给您什么呢? 假如托您的福我能回国执政，万一遇到两国发生战争，我就撤退三舍。如果楚国还不能谅解，双方再交手。"

为了实现当年的诺言，晋文公下令撤退九十里。楚国大将子玉率领楚军紧逼不舍。

当时，楚国联合了陈、蔡等国，兵力强; 晋国联合了齐、宋等国，兵力弱。应该怎样作战呢? 晋文公的舅舅子犯说:"我听到过这样的说法：对于注意礼仪的君子，应当多讲忠诚和信用，取得对方信任，在你死我活的战阵之间，不妨多用欺诈的手段迷惑对方。你可以采取欺骗敌军的办法。"

晋文公听从了子犯的策略，首先击溃由陈、蔡军队组成的楚军右翼，然后主力假装撤退，引诱楚军左翼追赶，再以伏兵夹击。楚军左翼大败，中军也被迫撤退。

这就是历史上著名的以弱胜强的城濮之战。晋国取胜后，与齐、鲁、宋、郑、蔡、莒、卫等国会盟，成为诸侯霸主。

3. 不入虎穴焉得虎子

东汉时期，班超被任命为朝廷使臣，带领三十六人前去西域的鄯善国，协商建立友好的邦交关系。刚到鄯善国时，国王对班超一行十分恭敬，作为上宾殷勤款待。可是过了几天，国王的态度突然变了，变得越来越冷淡。班超很纳闷，不明白是怎么回事。原来，匈奴派来的使团正在暗中加紧活动，向鄯善国王施加压力，想让他协助匈奴抓住班超及其部众，以此向东汉朝廷示威。形势十分严峻。班超立即把随行人员集中起来，告诉大家："现在形势危急，应该当机立断。不进入老虎的洞穴，怎么能捕捉到幼虎！"他安排众人于当晚进攻匈奴使团，使鄯善国王只得结好于汉朝。半夜时分，班超带领部众来到匈奴使团驻地，故意制造混乱，以迅雷不及掩耳之势，将匈奴使者全部杀死。次日，班超向鄯善国王说明原由，并和言相劝，晓以利害。终于，鄯善国王真诚地表示愿和汉朝建立友好邦交关系。班超一行不辱使命，胜利地返回了京都长安。

4. 兵贵神速

三国时期，郭嘉，字奉孝，颍川阳翟人。他足智多谋，受到曹操的信任和重用。

曹操打败了占据冀、青、幽、并四州的袁绍，杀了袁绍长子袁谭，袁绍的另外两个儿子袁尚、袁熙就逃走，投奔辽河流域的乌丸族首领蹋顿单于。蹋顿乘机侵扰汉朝边境，破坏边境地区人民的正常生产和生活。曹操有心想要去征讨袁尚及蹋顿，但有些官员担心远征之后，荆州的刘表乘机派刘备来袭击曹操的后方。

郭嘉分析了当时的形势，对曹操说："你现在威镇天下，但乌丸仗着地处在边远地区，必然不会防备。进行突然袭击，一定能消灭他们。如果延误时机，让袁尚、袁熙喘过气来，重新收集残部，乌丸各族响应，蹋顿有了野心，只怕冀州、青州又要不属于我们了。刘表是个空谈家，知道自己才能不及刘备，不会重用刘备，刘备不受重用，也不肯多为刘表出力。所以你只管放心远征乌丸，不会有后顾之忧的。还有，你要慎重！"

曹操于是率领军队出征。到达易县后，郭嘉又对曹操说："用兵贵在神速。现在到千里之外的地方作战，军用物资多，行军速度就慢，如果乌丸人知道我军的情况，就会有所准备。不如留下笨重的军械物资，部队轻装，以加倍的速度前进，乘敌人没有防备发起进攻，那就能大获全胜。"

曹操依郭嘉的计策办，部队快速行军，直达蹋顿单于驻地。乌丸人惊慌失措地应战，一败涂地。最后蹋顿被杀，袁尚、袁熙逃往辽东后也被太守公孙康所杀。

5. 出奇制胜

　　在春秋战国时期，乐毅和田单都是十分有名的将领。两人都擅长布阵打仗，精通兵法。有一次，他们俩碰巧在战场上对垒，田单带领齐国的军队，乐毅带领燕国部队。两军在即墨这个地方交战。乐毅把田单的军队包围了，田单和他的军队被困在了城里，乐毅为了减少士兵的伤亡，没有再继续攻打。田单在城中，也没有放松一点，他为了鼓舞战士的士气，不让他们惊慌，就和他们同吃同睡，让他们知道将领和自己在一起。

　　但是，三年过去了，田单的军队供给成了很大的问题，他们还是坚持不住了。而就在这时，燕国的国君死了，新的国君随即即位。田单灵机一动，想出了一个突围的好办法。他先派人到燕国散布谣言，说乐毅的种种坏话，扬言乐毅要起兵反燕或是要归顺他国。新即位的燕王不了解情况，加上乐毅兵权在握，屡立战功，人多势众，遭到了燕国大臣的妒嫉，新燕王怕他功高盖主就把乐毅撤职了。乐毅在战地知道自己得罪了权贵，恐怕凶多吉少，就直接逃到赵国避难去了。

　　田单顺利地达到了第一个目的。于是又派人到与自己对垒的燕军中散播谣言说："即墨人最怕被别人挖祖坟。祖坟一挖，他们就会惊慌失措，一定会使军心大乱。乐毅走后，担任燕军将领的是一个无能的小人，只会溜须拍马，他听到了这样的传言就真的相信了，叫人去挖了即墨人的祖坟，结果即墨的军民非常气愤，立誓要报仇雪恨，跟燕军拼命，打仗的士气一下子就提高了。单田看敌军首领昏庸无能，齐军士气涌动，作战的时机已经成熟，于是就假装向燕军投降。那个燕国将领还以为是自己叫人挖坟导致齐军投降，非常高兴。而就在此时，田单在城里命令士兵把刀子绑在牛角上，把鞭炮绑在牛尾巴上用彩色的绸子包住牛的全身。当齐军步行到燕军的附近时，单田就下令点燃鞭炮。牛听到鞭炮的声音都受了惊，发疯似的冲向燕军，吓得燕军四处逃跑。就这样燕军被打败了。

6. 唇亡齿寒

公元前 661 年，晋献公发动了大规模的军事扩张，先后吞灭了很多弱小的诸侯国。晋国的国土面积和军事力量得到了迅速发展。此时，晋献公已把目光盯在了虞、虢二国上，以便扫除障碍，向中原地区发展。

晋献公找借口说邻近的虢国经常侵犯晋国的边境，要派兵灭了虢国。可是在晋国和虢国之间隔着一个虞国，讨伐虢国必须经过虞地。"怎样才能顺利通过虞国呢？"晋献公问手下的大臣。大臣荀息替晋献公拟定了一条绝好的计策。他建议用良马玉璧向虞公送重礼，行贿借道，去讨伐虢国，破坏虞、虢的联盟，然后各个击破。对于这一计策，晋献公开始有点犹豫。荀息说："虞国国君是个目光短浅、贪图小利的人，只要我们送他价值连城的美玉和宝马，他不会不答应借道的。"

虽然晋献公对荀息的计策十分赞同，但对赠送良马、玉璧这些稀世之宝却有些割舍不下，并担心虞公收了重礼还不肯借道。荀息笑道：虞虢两国是唇齿相依的近邻，虢国灭了，虞国也不能独存，您的美玉宝马不过是暂时存放在虞公那里罢了。晋献公采纳了荀息的计策。

献公仍然不放心地说："虞国大夫宫之奇十分精明能干，只要宫之奇在，定能识破送礼借道的蹊跷，必然劝虞公拒收礼物，事情就不好办了。"荀息说道：大王不知，宫之奇的为人，聪明而不固执，又自小和虞君在一起，他肯定不会强谏，强谏也无益。再说白璧宝马，人见人爱，玩好在耳目之前，由此而招到的祸事则是以后才有的事，这是具有上等智力的人才能意识、预见得到的，那虞君是中智以下的人，他是没有这个见识的，所以此事肯定能办成。听后，晋献公这才放心，采纳了荀息的计策。

虞公过去只是听说过这些宝物，但无缘亲眼观赏，时感遗憾。当时一见到这两件珍贵的礼物，顿时心花怒放，听到荀息说要借道虞国之事时，当时就满口答应下来。一向力主联虢拒晋的大夫宫之奇急忙劝阻道："晋使词谦礼重，必然于我国不利，虞虢唇齿之邻，久已结盟，方得国泰民安。俗话说得好：'唇亡齿寒'。大王千万不可答应借道！"虞公说："人家晋国是大国，现在特意送来美玉宝马和咱们交朋友，难道咱们借条道路让他们走走都不行吗？"

虞公终于不听劝谏，答应了晋使借道的要求。荀息回国后把虞公答应借道的事回复了晋献公。献公喜出望外，当即决定拜里克为大将，荀息为副将，率领兵车四百乘，精兵二万人攻打虢国，占领了虢国的下阳。

三年之后，晋献公又一次派荀息向虞国借道伐虢。虞公依然十分慷慨地允许借道。大夫宫之奇急忙又谏道：虞和虢是互为表里的关系，虢国亡了，虞国怎么能存在下去？晋国万万不可依赖！我们怎么能与贼寇一起玩乐？一次借道，已经破坏虞虢联盟，铸成了大错。岂能再错下去？过去虞虢两国结成联盟，互相帮助，紧密团结，别国才不敢轻举妄动，欺负我们，辅车相依，唇亡齿寒，说的不正是虞国和虢国吗？虞公却不以为然，认为宫之奇太多虑。

宫之奇觉得身为重臣，眼看国家将亡，却无能为力，于是就带着一家老小离开了虞国。走前留下四句话：贪图人家白璧宝马，等于自己甘心饮毒酒啊！也像开了大门迎接强盗一样的啊！嘴唇没有了，牙齿自然要受寒冷啊！

果然，晋国军队借道虞国，消灭了虢国，随后又把亲自迎接晋军的虞公抓住，灭了虞国。

7. 打草惊蛇

南唐时候，当涂县的县令叫王鲁。这个县令贪得无厌，财迷心窍，见钱眼开，只要是有钱、有利可图，他就可以不顾是非曲直，颠倒黑白。在他做当涂县令的任上，干了许多贪赃枉法的坏事。

常言说，上梁不正下梁歪。这王鲁属下的那些大小官吏，见上司贪赃枉法，便也一个个明目张胆干坏事，他们变着法子敲诈勒索、贪污受贿，巧立名目搜刮民财，这样的大小贪官竟占了当涂县官吏的十之八九。因此，当涂县的老百姓真是苦不堪言，一个个从心里恨透了这批狗官，总希望能有个机会好好惩治他们，出出心中怨气。

一次，适逢朝廷派员下来巡察地方官员情况，当涂县老百姓一看，机会来了。于是大家联名写了状子，控告县衙里的主簿等人营私舞弊、贪污受贿的种种不法行为。

状子首先递送到了县令王鲁手上。王鲁把状子从头到尾只是粗略看了一遍，这一看不打紧，却把这个王鲁县令吓得心惊肉跳，浑身上下直打哆嗦，直冒冷汗。原来，老百姓在状子中所列举的种种犯罪事实，全都和王鲁自己曾经干过的坏事相类似，而且其中还有许多坏事都和自己有牵连。状子虽是告主簿几个人的，但王鲁觉得就跟告自己一样。他越想越感到事态严重，越想越觉得害怕，如果老百姓再继续控告下去，马上就会控告到自己头上了，这样一来，朝廷知道了实情，查清了自己在当涂县的胡作非为，自己岂不是要大祸临头！

王鲁想着想着，惊恐的心怎么也安静不下来，他不由自主地用颤抖的手拿笔在案卷上写下了他此刻内心的真实感受："汝虽打草，吾已惊蛇。"写罢，他手一松，瘫坐在椅子上，笔也掉到地上去了。

那些干了坏事的人常常是做贼心虚，当真正的惩罚还未到来之前，只要有一点什么声响，他们也会闻风丧胆。

8. 二桃杀三士

那是齐景公时期。齐景公已经是晏子服务的第三个国君了。此时的晏子经过多年的官场摸爬滚打，在齐国的地位是相当的巩固。

当时齐国有三位著名的勇士：公孙接、田开疆、古冶子。他们人人武艺高强，勇气盖世，为国家立下了赫赫功劳，俨然是齐国武将里的明星。这三人意气相投，结为异姓兄弟，彼此互壮声势。由于自恃武艺高，功劳大，他们非常骄横，不把别的官员放在眼里，甚至对晏子也不够尊敬。

晏子是看在眼里，忧在心里。这些莽夫如果势力越来越大可不是好事啊，他们可不讲究什么礼仪伦法，将来出什么祸患就不好了。晏子拜见齐景公，把心里想法一说，齐景公虽然觉得除去三位勇将未免可惜，可是晏子的话也有道理，而且晏子那时太有权威了，齐景公也不好驳人家的面子："得，您老就看着办吧！"

晏子准备停当后，由齐景公宣来三位猛将，说要赏赐他们。

三人听说国君有赏，当然兴冲冲地前来。到了殿前，却看见案上有一个华丽的金盘，盘子里是两个娇艳欲滴的大桃子，一阵芬香扑鼻而来。三个勇士顿时流下了口水。晏子不慌不忙地对他们说："三位都是国家栋梁、钢铁卫士。这宫廷后院新引进了一棵优良桃树，国君要请您们品尝这一次结的桃子。可是现在熟透的只有两个，就请将军们根据自己的功劳来分这两个桃子吧。"晏子露出一副很为难的样子。

三将中，公孙接是个急性子，抢先发言了："想当年我曾在密林捕杀野猪，也曾在山中搏杀猛虎，密林的树木和山间的风声都铭记着我的勇猛，我还得不到一个桃子吗？"

说完他上前大大方方取了一个桃子。

田开疆也不甘示弱，第二个表白："真的勇士，能够击溃来犯的强敌。我老田曾两次领兵作战，在纷飞的战火中击败敌军，捍卫齐国的尊严，守护齐国的人民，这样子还不配享受一个桃子吗？"他自信地上前取过第二个桃子。

古冶子因为不好意思太争先，客气了一下，不料一眨眼桃子就没了，怒火顿时燃烧他的脸庞，"你们杀过虎，杀过人，够勇猛了。可是要知道俺当年守护国君渡黄河，途中河水里突然冒出一只大鳌，一口咬住国君的马车，拖入河水中，别人都吓蒙了，唯独俺为了让国君安心，跃入水中，与这个庞大的鳌怪缠斗。为了追杀它，我游出九里之遥，一番激战要了它的狗命。最后我浮出水面，一手握着割下来的鳌头，一手拉着国君的坐骑，当时大船上的人都吓呆了，没人以为我会活着回来。像我这样，是勇敢不如你们，还是功劳不如你们呢？可是桃子却没了！""哐啷"一声，他拔出自己的宝剑，剑锋闪着凛凛的寒光。前两人听后，不由得满脸羞愧，"论勇猛，古冶子在水中搏杀半日之久，我们赶不上；论功劳，古冶子护卫国君的安全，我们也不如。可是我们却把桃子先抢夺下来，让真正大功的人一无所有，这是品行的问题啊，暴露了我的贪婪、无耻。"两个自恃甚高的人物，看重自己的荣誉，比生命还重要。此时自觉做了无耻的事，便羞愧难当，于是立刻拔剑自刎！两股鲜血，瞬间便染红了齐国的宫殿。

古冶子看到地上的两具尸体，大惊之余，也开始痛悔："我们本是朋友，可是一会的功夫，他们死了，我还活着，这就是不仁；我用话语来吹捧自己，羞辱朋友，这是无义；觉得自己做了错事，感到悔恨，却又不敢去死，这是无勇。我这样一个三无的人，还有脸面活在世上吗？"于是他也自刎而死。

区区两个桃子，顷刻间让三位猛将都倒在血泊之中，齐景公也有些伤怀。他下令将他们葬在一起。

9. 韩信将兵多多益善

韩信是秦末汉初著名军事家，淮阴（今江苏淮阴西南）人，曾被汉高祖刘邦拜为大将，为灭楚兴汉做出巨大贡献，与萧何、张良合称为"汉初三杰"。韩信率汉军平定齐地后，自封为齐王，引起了刘邦的猜忌。刘邦称帝后，有人密告韩信阴谋反叛。于是刘邦采用陈平的计策，假称游览云梦泽（沼泽名，楚之名胜，在今湖北境内），在韩信到陈地朝见他时，将韩信逮捕，押解进京。回到京城洛阳后，刘邦宣布大赦，韩信被削去齐王封号，改封"淮阴侯"。后来，刘邦与韩信的关系，稍有缓和。有一次，在宴席上，刘邦问韩信："依你看，像我这样的人能带多少兵马？"韩信答道："陛下可以带领十万兵马。"刘邦又问："那么你呢？"韩信毫不谦虚地说："臣多多而益善耳（我是越多越好）！"刘邦于是笑道："你既然如此善于带兵，怎么被我逮住了呢？"韩信沉吟半晌才说："陛下虽不擅于率兵但却擅于驾驭将领，这就是原因所在。"

10. 好谋善断

三国时，孙权善于招揽人才，礼贤下士。只要有才能，愿为他效力的人，他都加以重用。鲁肃、诸葛瑾等人都投奔到他旗下，得到了他的赏识和重用。公元208年，荆州牧刘表病死，鲁肃建议孙权派他前往荆州，以吊丧为名，联合依附于刘表的刘备，共同对抗曹操。鲁肃与刘备见面后，刘备表示同意，便派诸葛亮随鲁肃去见孙权。当时，孙权还在犹豫不决。诸葛亮见到孙权后对他说，曹操大军压境，再不采取主动将会大祸临头。曹军南下作战，非常疲倦，加上他们又不习水战，只要孙、刘联军，一定能将曹操打败。孙权听了这番分析，增强了联刘抗曹的信心。他召集部下商议，周瑜分析了曹军的弱点后，认为曹操犯了用兵大忌，建议孙权给他几万精兵，保证能大获全胜。周瑜的话使孙权抗曹的决心更坚定了。这一年，孙权任命周瑜为左督，鲁肃为赞军校尉，程普为右督，率三万精兵沿江西上，和刘备的军队会合，迎击曹军。赤壁之战，曹军大败，从而形成三足鼎立的局面。孙权建立吴国后，由于他善于用人，善于判断，所以吴国越来越强大。

11. 集思广益

　　三国时，刘备死后，刘禅继位。丞相诸葛亮处理、决定蜀国的大小政事，成了蜀国政权的实际主持者。他在人们的心目中有很高的威望，但他并不因此居功自傲，常常注意听取部下的意见。杨是当时丞相府里负责文书事务的主簿官。他对诸葛亮亲自过问每一件事的作法提出了建议，他说："处理国家军政大事，上下之间分工应该不同。"他还举出历史上一些著名的例子，劝诸葛亮不必亲自处理一切文书，少过问一些琐碎的小事，对下属应该有所分工，自己应主抓军政大事。诸葛亮对于杨的劝告和关心很是感激，但他怕有负刘备所托，仍然亲自处理大小事务。后来杨病死，诸葛亮非常难过，哀悼不已。为了鼓励下属踊跃参与政事，诸葛亮特地写了一篇文告，号召文武百官、朝廷内外主动积极地发表政见，反复争议。这篇文告就是《教与军师长史参军掾属》。他在文中写道："丞相府里让大家都来参与议论国家大事，是为了集中众人的智慧和意见，广泛地听取各方面有益的建议，从而取得更好的效果。"

12. 坚壁清野

东汉末年，曹操打算攻徐州，谋士荀彧劝阻说："过去汉高祖刘邦争夺天下时，是先保住关中；光武皇帝刘秀平定天下时，是先占据河内。他们这样做，都是深根固本，以制天下。进，足以取胜；退，足以坚守。所以他们虽然遭到挫折、失败，而最终获得成功。现在您占领的地方，是军事要地，老百姓又愿意归顺，虽说残破些，但容易保存力量。眼下正值麦收季节，据报徐州方面已组织人力加紧抢割城外麦子，运进城去，这表明他们已作好准备。收尽麦子后，对方必然还要加固防御工事，撤退四野居民，转移粮草、物资。这样军队开到那里，势必无法立足。对方用此方法对付我们，到那时，攻不能克，掠无所得，不出十天，全军就要不战自溃。"曹操听了荀彧的分析，对他佩服不已，取消了攻取徐州的计划，果然稳定了自己的地盘，壮大了力量。

13. 兼听则明

唐高祖李渊死后，雄才大略的李世民当了皇帝，史称唐太宗。他任命很有政见的魏征为谏议大夫。魏征直言敢谏，因此在朝中有很高的威信，很受唐太宗的敬重。有一次，唐太宗问魏征："做皇帝的应该具有什么样的优点才能称为贤明？又是由于什么样的过失而使他糊涂？"魏征答道："贤明的皇帝之所以贤明，是因为能广泛听取各方面的意见；而有些皇帝之所以糊涂，是因为他们只爱听少数人的话。"魏征还以贤明的古帝尧、舜为例，说他们因为善于听取来自四方、特别是下层人民的意见，所以能够战胜敌人，保住了天下。他又以秦二世、梁武帝和隋炀帝为例，说他们因为偏听偏信，自己又不去了解实情，不知道国家的状况，结果都遭到亡国的命运。唐太宗听了魏征的话，觉得他说的非常有道理，不禁点头称赞道："太好了！太好了！"

14. 竭泽而渔

公元前 632 年，晋国为了援助宋国，和楚国在城濮打了一仗。当时，论实力楚国占着明显的优势。晋文公见楚军来势汹汹，就求计于他的舅舅大臣狐偃说："楚兵多，我兵少，这一仗该怎样打才能取胜呢？"狐偃回答说："我听说善于打仗的人，不厌欺诈。你就用欺诈的办法对付楚军好了。"

晋文公又去征求另一个大臣雍季，并把狐偃的话也告诉了他。雍季不大赞成这样做，就打了个比喻说："竭泽而渔，岂不获得？而明年无鱼？焚薮而田，岂不获得？而明年无兽。诈伪之道，虽今偷可，后将无复，非长术也。"意思是说：把池塘里的水弄干了才捉鱼，那还有捉不到的？但到明年就没鱼可捉了；把山上的树林烧光了再去打猎，那还有打不到的？但到明年就将会没有野兽可打了。欺诈的办法虽然可以偶尔用一下，但以后就不能再用，这不是长远之计啊！

当时也想不出更好的制胜楚军的办法的情况下，晋文公·还是采用了狐偃的计谋，假借遵守自己流亡时向楚庄王许下的"退避三舍"的诺言之名，连续三次后撤，以避其锋芒，为自己选择了有利的时机和歼敌的地形；而楚军呢？见晋军一退再退，误以为晋文公胆怯，不敢与之交战，就紧逼不舍，结果被晋军打得七零八落，溃不成军。这场历史上有名的城濮之战，终以楚国的失败，其领兵大将成得臣被迫自杀而告结束。·

　　根据这个故事，后来人们引出"竭泽而渔"这个成语，比喻只顾眼前利益，缺乏长远打算，不顾长远利益。

15. 狡兔三窟

　　春秋时代，在齐国有位名叫孟尝君的人，他非常喜欢与文学家还有侠客风范的人交朋友，为了能与他们常讨论国家大事，总喜欢邀请这些人到家中长住，他在家里一共养了三千个客人。由于人实在太多，孟尝君把这些人分成上、中、下三种等级！上等的客人每天都可以吃到大鱼大肉、出门的时候还有车子可以坐；中等的客人每天只有吃到鱼和菜；下等的客人每天吃到的就只有蔬菜而已。虽然很多人对此感到不满意，但是也没有人提出反对意见，毕竟人的才能是有差异的，待遇不同是理所当然的。

　　后来，有一个朋友给孟尝君介绍一个叫做冯谖的人，孟尝君问他的朋友："这个叫冯谖的人有什么专长呀？"朋友想了很久说："好像也没什么专长！"孟尝君听了之后也没有说什么，但还是把他留下了。因为孟尝君觉得冯谖没有什么专长，所以就不怎么理会他，家里的佣人看到孟尝君不理冯谖，以为主人瞧不起冯谖，通通把冯谖当下等的客人招待。

　　冯谖心里很不高兴，天天发牢骚："既然大家都瞧不起我，我干脆离开算了！"孟尝君知道以后，就把冯谖由下等的客人升为上等的客人，还送给冯谖的妈妈吃的和用的东西。但是，冯谖却什么事都不做，孟尝君虽然觉得很奇怪，但是好客的他还是热情招待冯谖。

　　有一天，孟尝君派冯谖到薛地去讨债。冯谖问孟尝君，收债之后买些什么东西回来？主人答道："你看我缺少什么就买什么好了。"

　　冯谖到了薛地，他见欠债者都是贫苦庄户，立即以孟尝君名义宣布债款一笔勾销，将各户的债务契约烧掉了。薛地人民都以为这是孟尝君的恩德，而心里充满感激。孟尝君见到冯谖后，问他给自己买了什么，冯谖说："你财宝马匹美女应有尽有，我只替你买了'仁义'回来。"当孟尝君知道冯谖以他的名久免除了薛地债务，此即买了仁义之后，又气又怒，但是已无法挽回，十分无奈。

　　直到后来，孟尝君被齐王解除相国的职位，前往薛地定居。薛地百姓听说孟尝君来此的消息，扶老携幼走出数十里路去夹道欢迎孟尝君。此时他才恍然大悟，冯谖为他买的仁义价值所在，连连感谢冯谖。

　　孟尝君问冯谖：你为什么会看得这么长远呢？

　　冯谖说："狡兔三窟，仅得免其死耳。今有一窟，未得高枕而卧也。"大意是：一只兔子要有三个洞藏身，才能免除被猎人猎杀的危险。您现在住在薛地，就好像兔子只有一个洞，是很危险的！万一齐国的国君对您不满意要杀您，您连其他躲的地方都没有呢！所以，您现在还不能把枕头垫高，安心地睡觉！

孟尝君一听：那我该怎么办呢？

冯谖：这件事就交给我去办！我会让您象狡兔一样，有三个安全的洞藏身！

于是冯谖去见梁惠王，他告诉梁惠王说，如果梁惠王能请到孟尝君帮他治理国家，那么梁国一定能够变得更强盛。梁惠王听了之后立刻派人带着一千斤黄金、一百辆马车去请孟尝君到梁国做相国。可是，梁国的使者一连来了三次，冯谖都叫孟尝君不要答应。梁国派人请孟尝君去治理梁国的消息传到齐王那里，齐王一急，就赶紧派人请孟尝君回齐国当相国。

同时，冯谖又叫孟尝君在薛地建立宗庙，用来保证薛地的安全。等到薛地的宗庙建好以后，冯谖就对孟尝君说：现在属于你的三个安身之地都建造好了，从此以后你就可以垫高枕头，安心地睡大觉了。

成语"狡兔三窟"就是从这个故事而来，字面意思是说狡猾的兔子有多处洞穴，比喻人要多些掩蔽措施和应变办法，用以保护自己。

16. 近水楼台

范仲淹是北宋时期非常著名的政治家和文学家。他小的时候，家里非常贫穷，但他学习刻苦，博览群书。后来，他做过右司谏、知州、参知政事等地位很高的大官。他曾在岳阳楼题写下"先天下之忧而忧，后天下之乐而乐"的千古名句。身为朝廷重臣，范仲淹为人却极为正直，待人谦和，尤其善于选拔人才。他在杭州做知府的时候，关心帮助城中的文武官员。很多官员靠此得到了可以发挥自己才干的职务，因此都很感激范仲淹。有一个叫苏麟的巡检官，由于在杭州外县工作所以未能得到范仲淹的提拔。一次，苏麟因公事见到范仲淹，便乘此机会给范仲淹写了一首诗。诗中有这样两句："近水楼台先得月，向阳花木易为春。"说的是靠近水边的楼房可以最先看到月亮，朝着阳光的地方生长的花草树木易成长开花，显现出春天的景象。苏麟是以此表达自己的不满，巧妙地指出接近范仲淹的人都得到了好处。范仲淹读后心领神会，哈哈大笑。于是，便按照苏麟的意愿，为他谋到了一个合适的职位。

17. 居安思危

春秋时期，有一次宋、齐、晋、卫等十二国联合出兵攻打郑国。郑国国君慌了，急忙向十二国中最大的晋国求和，得到了晋国的同意，其余十一国也就停止了进攻。郑国为了表示感谢，给晋国送去了大批礼物，其中有：著名乐师三人，配齐甲兵的成套兵车共一百辆，歌女十六人，还有许多钟磬之类的乐器。晋国的国君晋悼公见了这么多的礼物，非常高兴，将八个歌女分赠给他的功臣魏绛，说："你这几年为我出谋划策，事情办得都很顺利，我们好比奏乐一样的和谐合拍，真是太好了。现在让咱俩一同来享受吧！"可是，魏绛谢绝了晋悼公的分赠，并且劝告晋悼公说："咱们国家的事情之所以办得顺利，首先应归功于您的才能，其次是靠同僚们齐心协力，我个人有什么贡献可言呢？但愿您在享受安乐的同时，能想到国家还有许多事情要办。《书经》上有句话说得好：'居安思危，思则有备，有备无患。'现谨以此话规劝主公！"魏绛这番远见卓识而又语重心长的话，使晋悼公听了很受感动，高兴地接受了魏绛的意见。

18. 困兽犹斗

春秋时，晋国发兵去救援被楚攻打的郑国，可是晚到了一步，郑国已投降了楚军。这时晋军主帅荀林父主张退兵，可副帅反对，最后由于意见不一致，晋军被楚军打得大败。

晋景公得到这一消息，很是气愤。晋军将领回国后，晋景公立即叫人把败军将领带上殿来，大声斥责，追究责任。那些将领见国君大发雷霆，跪在一旁，不敢吱声，过了一会，荀林父想到自己是主帅，这次大败应负有责任，就跪前一步说："末将罪该万死，现请求一死。"

景公盛怒之下，拂袖示意卫兵来捆绑荀林父。这时，大夫士贞子上前阻止，不慌不忙地对景公说："三十多年前，先君文公在对楚的城濮之战中大获全胜，晋国举国欢腾，但文公面无喜色，左右感到很奇怪，就问文公：'既然击败了强敌，为何反而愁闷？'文公说：'这次战斗，由于我们采取了正确的战略原则，击破了楚军的左、右翼，中军主帅子玉就完全陷入被动，无法挽回败局，只得收兵。但楚军虽败，主帅子玉尚在，哪里可以松口气啊！困兽犹斗，更何况子玉是一国的宰相呢？我们又有什么可高兴的，他是要来报仇的！'直到后来楚王杀了子玉，文公才喜形于色。楚王杀子玉，是帮了我们晋国的忙。如果说楚国被先王打败是一次失败，那么，杀掉子玉是再次失败。现在您要杀掉林荀父。"

景公听了士贞子的话，恍然大悟，笑着说："大夫别说了，我懂了，我杀了荀林父，岂不是帮了楚国的忙？这样，我们不是也将一败再败了吗？"

于是，景公当场就赦免了荀林父等将帅。

19. 老马识途

虽然中原各国逐渐承认了齐国的盟主地位，但居住在边远地区的某些少数民族部落却不理会这一套。有一天，齐桓公正与管仲议事，有人来报告说北方的一个叫做山戎的少数民族又侵犯了燕国，劫夺粮食、牲畜和财物，燕国派人来求救了。齐桓公征求管仲的意见，管仲说："山戎经常骚扰中原，是中原安定的忧患，一定要征服。"齐桓公听了管仲的话，亲率大军援救燕国。

齐侯大军到了燕园，才知山戎早就带着抢到的人口和财物跑了。管仲说："山戎虽然跑了，但以后还会来骚扰。我们不如一追到底，彻底打垮他们，实现北方的长治久安。"齐桓公听了管仲的意见，向北追击山戎。燕国的君主燕庄公又对齐桓公说："附近有个无终国，与我们素有往来，他们也和山戎有仇，可否请他们给我们带路，一同攻打山戎？"齐桓公立刻派人带着礼物去无终国求助。无终国也派了一支军队前来参加战斗。

山戎的首领叫密卢儿，他听说齐、燕、无终三国联合讨伐，知道打不过，就带着一些亲信和金银财宝向北方逃跑了。来不及跑的山戎百姓和士兵都投降了。齐桓公为了使山戎真正心服，传令不许伤害山戎降兵和百姓。山戎受到宽待，感激齐桓公。齐桓公问他们："你们的首领跑到哪里去了？"他们说："一定是去孤竹国借兵去了。"齐桓公决定跟踪追击，捉拿密卢，征伐孤竹国，彻底消除北方动乱的隐患。

再说密卢逃到孤竹国，向国君答里呵求援。答里呵派大将黄花率兵跟密卢前去迎战齐军，不料，黄花一出阵就被齐军打得大败。黄花逃回去对答里呵说："齐侯率军前来，不过是要捉拿密卢，与我国毫无关系。我看不如杀了密卢，与齐侯讲和，方能保全我们自己"。另一位大臣则献计说："北方有个地方叫'旱海'，又称'迷谷'，那里茫茫沙漠无边，路途难辨。如果能把齐军引入'迷谷'，不用一兵一卒，就能使齐侯人马全军覆没。"

黄花听到这里动了心眼。于是去杀了密卢，割下了首级，直到齐侯军中，献上密卢首级，并称答里呵已经率军逃跑，自己愿归顺齐侯，为齐军引路，追击答里呵。齐侯见黄花献上密卢首级，便信以为真，率领大队人马跟着黄花向北追击。黄花在前面带路，齐侯人马随后紧跟。进了沙漠，才拐了几个弯就找不到路了。茫茫无垠的黄沙，好似静静的大海，既分不清东西南北，也辨不出前后左右。齐桓公想找黄花来问一问究竟是怎么回事，但哪里还有他的影子？这才知道中了黄花的奸计。这时太阳已经下山，夜幕笼罩着大地，四周漆黑一片，西北风一个劲地刮，冻得士兵直发抖。好不容易等到天亮，才发现人马已零散不全。齐桓公命令赶快寻找出去的道路，但大队人马转来转去，怎么也走不出这个迷谷。这时，管仲猛然想起老马大多认识归途，便对齐桓公说："老马识途，无终国的马很多是从山戎弄来的，不如挑选几匹无终国的老马，让它们在前边走，兴许可以找到出去的路。"齐桓公虽然将信将疑，但又没有别的办法，就同意试一试。于是管仲挑了几匹老马，让它们在前边走，大队人马跟在后头。几匹老马不慌不忙地走着，果然走出了迷谷，回到了原来的路上。大家死里逃生，都佩服管仲足智多谋。从此，"老马识途"也成为一句广为流传的成语在山中行军，没有水喝，隰朋说："蚂蚁冬天住在山的南面，夏天住在山的北面，蚂蚁的土壤有一寸深一仞之处就有水。"就发掘蚁穴，找到了水源。

不了解的事，就要向有经验的人求教学习，不管对方是什么身份，不要把向人求教看作是羞耻的事，要知道学习和吸取圣人的智慧。

20. 厉兵秣马

春秋时期，秦国派杞子、逢孙、杨孙三人领军驻守郑国，却美其名曰为：帮助郑国守卫其国都。

公元前628年，杞子秘密报告秦穆公，说他已"掌其北门之管"，即掌握了郑国国都北门的钥匙，如果秦国进攻郑国，他将协作内应。

秦穆公接到杞子的密报后，觉得机不可失，便不听大夫蹇叔的劝阻，立即派孟明、西乞术、白乙丙三位将军率兵进攻郑国。

蹇叔的儿子也随部队出征，蹇叔对自己的儿子哭着说："你们一定会在淆这个地方遭军队抵御，到时我来收你的尸。"

秦军经过长途跋涉后，终于来到离郑国不远的滑国，刚好被郑国在这里做生意的商人弦高碰到。弦高一面派人向郑穆公报告，一面到秦军中慌称自己是代表郑国前来慰问秦军的。弦高说："我们君王知道你们要来，特派我送来一批牲畜来犒劳你们。"

弦高的这一举动，引起了袭郑秦军的怀疑，使秦国怀疑郑国已做好了准备，所以进军犹豫不决。

郑穆公接到了弦高的报告后，急忙派人到都城的北门查看，果然看见杞子的军队"束载、厉兵、秣马矣"，即人人扎束停当，兵器磨得雪亮，马喂得饱饱的，完全处于一种作为内应的作战状态。对此，郑穆公派皇子向杞子说："很抱歉，恕未能好好款待各位。你们的孟明就要来了，你们跟他走吧！"

杞子等人见事情已经败露，便分别逃往齐国和宋国去了。孟明得知此消息后，也怏怏地下令撤军。

成语"厉兵秣马"既来自于典故中"束载、厉兵、秣马矣"，指准备战斗。

21. 两败俱伤

战国时期，韩魏两国交战一年有余，但仍分不出胜负。秦惠王想出兵干涉这件事，于是召集群臣征求意见。大臣们众说纷纭，秦惠王一时难以决断。楚国的陈轸便给秦惠王讲了个卞庄子刺虎的故事："一次，卞庄子看见两只老虎在撕咬一头牛，就想拔剑刺它们。旅店中的伙计劝阻他说：'现在这两只老虎正在吃牛肉，吃得香时一定会为食物争斗起来。相斗之后，必有死伤，那时再刺那只受伤的老虎，这样你就有杀死两只老虎的结果了。'卞庄子觉得他说得很对，便停手静观事态发展。结果，果然如店伙计所说，于是卞庄子一下杀死了两只老虎。"陈轸其实是以两只老虎来比喻韩、魏两国，建议秦国等韩、魏元气大伤之后再出兵，那样就会像卞庄子刺虎一样，得到最后的胜利。秦惠王听后对陈轸大加赞赏，并采取了他的建议，决定暂时按兵不动，待时机成熟后再出兵。

22．鹿死谁手

石勒，羯族人。晋惠帝末年，并州一带饥荒严重，并州刺史司马腾把二十多岁的石勒卖到山东做奴隶。他的主人石欢见他仪表堂堂，气质出众，便不把他当作奴隶看待，而让他做了自己的佃客。后来，石勒与王阳、郭敖以及汲桑等人聚众起义，但最终失败，他便投奔了匈奴族酋长刘渊。刘渊十分赏识他，提拔他当了将军。公元 304 年，刘渊称帝，定国号为汉。刘渊死后，刘聪、刘曜相继即位，并改国号为赵，史称前赵。同时，石勒在汉族谋士张宾的辅佐下，势力逐渐强大。他联合汉族的地方豪强，在一方割据称雄，并且消灭了西晋的北方残余势力，不再对前赵称臣，而是自己称帝，只不过仍沿用了赵国的名号。有一次在宴会上，石勒笑着对群臣说："若我和刘邦属于同一个时代，我比不上他，一定会对他俯首称臣，为他效力；但如果对手是东汉光武帝，我一定要同他在中原地区一决高下，到时，还不知谁会取得最后的胜利呢！"

23．论功行赏

公元前 202 年，刘邦最终打败项羽，一统天下。他登基称帝，建立了西汉政权，即历史上有名的汉高祖。汉高祖称帝后，觉得以前的部下浴血疆场，兢兢业业，为西汉政权的建立立下了不可磨灭的功绩。于是他决定要评定诸位大臣们的功绩大小，然后再给予封官和赏赐。汉高祖认为萧何的功劳最大，要封他为赞侯，并给他最多的封户。但群臣对此都很不满，纷纷说："平阳侯曹参攻城夺地，身受七十多处创伤，他的功劳应该是最大的。"这时，关内侯鄂千秋却说出了刘邦的心思。他说："诸位大臣的主张有些不妥。曹参转战各地，夺取地盘，功不可没，但这只是一时之事。皇上与项羽大军相持五年，常损失军队，自己也曾几次只身一人逃走。而萧何常派军队补充前线。他不是奉了皇上的命令，而是自己主动做的。在汉楚两军对垒于荥阳时，军粮不足，萧何又用车船运来粮食。失去一个曹参对汉室不会有损失，而没有萧何则没有今天的西汉王朝，不能让一时的功勋凌驾于万世的功勋之上，所以萧何的功绩应该排在第一位。"刘邦肯定了鄂千秋的话，最终评定萧何的功劳第一。群臣也都心悦诚服。

24. 毛遂自荐

战国时，秦军在长平一线，大胜赵军。秦军主将白起，领兵乘胜追击，包围了赵国都城邯郸。大敌当前，赵国形势万分危急。平原君赵胜，奉赵王之命，去楚国求兵解围。平原君把门客召集起来，挑选二十个文武全才的门客一起去。经过挑选，最后还缺一个人。门下有一个叫毛遂的人走上前来，向平原君自我推荐说："听说先生将要到楚国去签订'合纵'盟约，约定与门客二十人一同前往，而且不到外边去寻找。可是还少一个人，希望先生就以毛遂凑足人数出发吧！"平原君说："先生来到赵胜门下几年了？"毛遂说："三年了。"平原君说："贤能的人处在世界上，就好比锥子处在囊中，它的尖梢立即就要显现出来。如今，处在赵胜的门下已经三年了，左右的人们对你没有称道，赵胜也没听到赞语，这是因为先生没有什么才能的缘故。所以先生不能一道前往，请留下！"毛遂说："我不过今天才请求进到囊中罢了。要是我早就处在囊中的话，就会像锥子那样，整个锋芒都会露出来，不仅是尖梢露出来而已。"平原君终于带毛遂一道前往。

到了楚国，楚王只接见平原君一个人。两人坐在殿上，从早晨谈到中午，还没有结果。毛遂大步跨上台阶，远远地大声叫起来："出兵的事，非利即害，非害即利，简单而又明白，为何议而不决？"楚王非常恼火，问平原君："此人是谁？"平原君答道："此人名叫毛遂，乃是我的门客！"楚王喝道："赶紧退下！我和你主人说话，你来干吗？"毛遂见楚王发怒，不但不退下，反而又走上几个台阶。他手按宝剑，说："如今十步之内，大王性命在我手中！"楚王见毛遂那么勇敢，没有再呵斥他，就听毛遂讲话。毛遂就把出兵援赵有利楚国的道理，作了精辟的分析。毛遂的一番话，说得楚王心悦诚服，答应马上出兵。不几天，楚、魏等国联合出兵援赵。秦军撤退了。平原君回赵后，待毛遂为上宾。他很感叹地说："毛先生一至楚，楚王就不敢小看赵国。"

成语"毛遂自荐"由此而来，比喻不经别人介绍，自我推荐担任某一项工作。

25. 明修栈道暗度陈仓

公元前 206 年秦朝被推翻后，项羽依仗强大的兵力，迫使先入秦都咸阳的刘邦退出，自己率兵进入，并称西楚霸王。接着，项羽封刘邦为汉王，让他统治偏远的汉中（今陕西南部）和巴蜀（今四川）地区。同时，为防止刘邦再入关中，项羽将富饶的关中让秦军的降将把守。刘邦自知兵力不如项羽，只得忍气吞声。在去封地的路上，他采用张良的计策，将长达好几百里的栈道全部烧掉，以示再无回关中之心，从而使项羽对其疏于戒备。同年八月，有人起兵反项。刘邦认为这是个出兵关中的好时机。大将韩信建议派人去修栈道以迷惑敌方，刘邦采纳了他的建议，并开始修复栈道。守卫关中的秦降将章邯讥笑刘邦不知要修到何年何月。实际上，韩信暗地里正为攻打陈仓积极地作准备。不久，韩信绕道迅速出兵，攻下了陈仓。章邯得知后非常恐慌，但为时已晚。借道于陈仓，刘邦队很快攻打并占领了关中，为以后建立汉朝奠定了基础。

26. 匹夫之勇

春秋时，越王勾践被吴王夫差打败，在吴国囚禁三年，受尽了耻辱。回国后，他卧薪尝胆、励精图治、立志复国。十年过去了，越国国富民强，兵马强壮，将士们向勾践请战："君王，越国的四方民众敬爱您就像敬爱自己的父母一样。现在，孩子要替父母报仇，臣子要替君主报仇。请您下令，让我们与吴国决一死战。"勾践答应了将士们的请战要求，把军士们召集在一起，向他们表示决心说："我听说古代的贤君不为士兵少而忧愁，只是忧愁士兵们缺乏自强的精神。我不希望你们不用智谋，单凭个人的勇敢，而希望你们步调一致，同进同退。前进的时候要想到会得到奖赏，后退的时候要想到会受到处罚。这样，你们才能打败敌人，得到赏赐。进不听令，退不知耻，则会受到应有的惩罚。"到了出征的时候，越国的人都互相勉励。由于全体将士斗志昂扬，终于打败了吴王夫差，灭掉了吴国。

27.　扑朔迷离

　　《乐府诗集》中的《木兰诗》讲述了这样一则故事：南北朝时期，有位姑娘名叫木兰。她自幼习武，十八般武艺，样样精通。有一年，国家征兵打仗，花木兰的父亲也在应征之列。花木兰看到父亲年纪大，身体又不好，而弟弟年龄还小，于是便萌生了女扮男装、代父从军的念头。她把这个想法告诉父母，但遭到了反对。后来父母被她的孝心所感动，最终还是同意了她的请求。花木兰辞别父母，到边疆作战。她虽是个女子，但武艺高强、聪明机智，在战场上屡建奇功。经过十年的艰苦奋战，他们终于打败了敌人凯旋。皇帝知道木兰功劳很大，便封她为尚书。花木兰再三推辞，只求皇上让她早日回家与父母团圆。当她脱下战袍，重新穿上女装时，和她一起征战的伙伴大吃一惊："同行十二年，不知木兰是女郎！"《木兰诗》最后几句写道："雄兔脚扑朔，雌兔眼迷离，双兔傍地

走，安能辨我是雄雌。"以分不出兔的雌雄，来比喻穿上了战袍之
后，分不出木兰是男还是女。此后，木兰代父从军的故事被人们传
为佳话，在民间广为流传。

28. 旗鼓相当

　　公元25年，刘秀中兴汉室，在洛阳建立了东汉王朝，史称汉
光武帝。建国之初，全国尚未统一。当时，曾在王莽手下当过蜀郡
太守的公孙述，雄踞益州，并在成都称帝。占有天水、武都、金城
等地的隗嚣，也自称西川大将军。隗嚣和公孙述之间有矛盾，经常
发生战争。为了孤立公孙述，刘秀决定拉拢隗嚣。隗嚣为了找个靠
山，也向刘秀俯首称臣。于是，刘秀便正式封他为西川大将军。隗
嚣受封后击退了赤眉军的起义。此后，公孙述又与人勾结袭击陕西
中部一带，进攻长安。隗嚣率军配合刘秀，击退了他们的进攻，并
从此得到了刘秀的信任。为了阻止公孙述的进一步扩张，刘秀修书
一封，希望隗嚣能够派军堵住公孙述的进攻。他在信中写道："我
现在正忙于东边的战事，大部分兵马也都集中在东部，西边兵力薄
弱。若公孙述率兵进入汉中，侵犯长安，那么希望能够借助将军的
兵马，与他们一决雌雄。如果真能如此，那真是上天对我的赐福。"
刘秀是想借助隗嚣的力量，形成势均力敌的局面，从而击退公
孙述。

29. 奇货可居

阳翟大商人吕不韦，经常出现在赵国都城邯郸的街头。往往来来，买买卖卖。他手头已经赚下了很多很多的钱，可说是家有万金了。

这一天，吕不韦正在街上走着，忽然对面走来一人，引起了他的注意。只见那人生得面如傅粉，唇若涂朱，虽然衣冠平常，但丝毫不失贵人之气。吕不韦不禁暗暗称奇。待那人走过之后，他问近旁一个小贩儿刚才走过的那人是谁?"

原来，是秦国留在赵国的人质，名叫异人，他是秦昭襄王之子安国君的儿子。安国君有子二十余人，但全非正房华阳夫人之后，皆由那些姬妾所生。异人生母，名叫夏姬。夏姬不得宠，又早死，所以，秦赵渑池会盟两国互换人质时，异人便来到了赵国首都邯郸。异人来到邯郸之后，因秦国不断攻打赵国，赵王便迁怒于他，把他拘留在丛台之上，并由大夫公孙乾昼夜监守。他过着出无车，宿无妇，食无酒的枯燥无味的生活，终日里郁郁不悦。

听罢小贩儿的介绍，吕不韦凝思片刻后爽朗大笑着说道："哈哈，他真是喃喃奇货。这奇货，可先囤积起来，然后作一笔大生意。哈哈哈哈!"

吕不韦先以重金结交于监守异人的公孙乾，后又结识异人。有一次，他与公孙乾、异人一起喝酒。酒到半醉，趁公孙乾如厕的机会，吕不韦问异人道："秦王已经老了。太子安国君所宠爱的是华阳夫人，可她没有儿子。你兄弟二十余人，至今没有一个得宠。你何不趁这个时候回归秦国，去找华阳夫人，求做她儿子。这样，以后你才可能有立储的希望呀！"

异人含泪回道："我何尝不希望能如此呢？唉！怎奈身在他国，恨没有脱身之计呀！"

吕不韦说："这好办。我可以设法救你回国！"

异人说："能救我回国，日后倘能得到荣华富贵，你我共享！"

为了叫异人回国，吕不韦来到了秦国的京都咸阳。

不久，吕不韦便打听到华阳夫人有个姐姐也在咸阳城中。为了能见到华阳夫人，吕不韦设法先见到了华阳夫人的姐姐。见面之后，他先是以来时随身所带着赵国的金玉宝玩，取得了她的好感，接着他便把异人如何贤德，如何思念故国，如何想认华阳夫人为生母，以及日后他打算如何孝顺华阳夫人等等，详尽地说了一番。他的话，把华阳夫人的姐姐深深地打动了。

事隔一日之后，华阳夫人的姐姐去见华阳夫人。她又把吕不韦对她说的话陈述了一回。华阳夫人大喜，当即，她便表示愿接异人回国，并收留在身边。

说动了华阳夫人，这仅是第一步。当时，秦君还是秦昭襄王。异人若能回国，非他点头不可。可是，因渑池会盟时，秦昭襄王被蔺相如戏弄了一番，心中怀恨赵国，因此，根本不把异人回国当作一回事。

怎么办呢？吕不韦又费心思了。

后来，他得知王后的弟弟杨泉君也在咸阳。他想通过杨泉君去说服王后，再通过王后去说服昭襄王。于是，他用重金买通道路见到了杨泉君。吕不韦对杨泉君说："你居高官，享厚禄。可你这高官、厚禄和富贵能长久吗？自然，眼下有王后和大王保护你。可是，大王与王后年事已高，一旦山陵崩，太子嗣位，太子会继续保护你吗？太子安国君与华阳夫人无子。你为何不把今日留在赵国的王孙异人，设法引渡回国，让他去作安国君与华阳夫人的适子？果真那样做了，安国君与华阳夫人会对你感激不尽的。那样，你的高官、厚禄和富贵，不就又有人保护了吗？"

吕不韦之计，正中杨泉君心意。当日，他便去找王后，把吕不韦的话说了一遍。王后去见昭襄王，她又把杨泉君的话说了一遍。

终于，秦昭襄王表示愿接异人回国，吕不韦这才收拾了一下行装，回邯郸去了。

吕不韦费了很多的钱财与精力，看来，异人归国之期就要来到了。可就在这时候，吕不韦却迟疑起来。他大动脑，思谋个不停。他想："异人回国，日后继位为王，对自己来说，最大不过是从一位秦王身上得利。如何能长久呢？将来异人山崩或者退位，又如何能从下一代秦王身上得利呢？

他想得很远，也想得很苦。

这样，他便想到了赵姬。

赵姬，是一位身姿艳丽，善歌善舞的美女。吕不韦很喜欢她，他俩早暗中同居，赵姬已怀孕两月有余。

吕不韦想："应该把赵姬献给异人。日后生下我的骨血，长大继位。到那时，秦国的天下便是我吕氏的天下。那样，我吕不韦做的这生意，其利可就无穷了。"

于是，不久他便不惜血本，设下华宴。在宴会上，他又让赵姬出面勾引异人，最终，让异人与赵姬结成了夫妻，达到了他的目的。

异人得到了赵姬，如鱼得水爱恋非常。过了月余，赵姬便对异人言明她已有身孕。异人不知其来历，只道是他的骨血，愈加欢喜。又几个月过去，赵姬生下了一个男孩，给男孩取名叫"政"，他便是日后兼并六国的秦始皇。

昭襄王五十年，秦兵重围邯郸吕不韦领着化了妆的异人，杂在百姓之中，混出邯郸，回到了咸阳。

异人回到咸阳之后，由于吕不韦的"周旋"在前，他自然得到了华阳夫人，安国君乃至秦昭襄王的宠爱。不久，昭襄王逝世，立安国君为王；安国君又逝世，立异人为王。异人一当上秦王，便请吕不韦做了丞相，并封号文信侯，到河南洛阳，坐享十万户的奉养。再后来，异人逝世，立政为王。政尊吕不韦为相国，号称仲父。

30. 前事不忘后事之师

战国初期，晋国有一位掌管国政和兵权的卿大夫，名叫智伯。他自称霸主，强行向韩、赵、魏三国索取疆土。韩、魏因惧怕智伯，都割让了土地，但赵襄子却不肯。于是智伯联合韩、魏攻赵。赵襄子用大夫张孟谈的计谋，暗中与韩、魏两国联合，偷袭智伯的军队，活捉了智伯。张孟谈为赵国立了大功，可是事成之后，他却递上了辞呈。赵襄子觉得奇怪，问他为什么。张孟谈回答："我听说，从前君臣一起打天下，最后取得成功，这是常有的事，是美好的。但成功之后想做到君臣权力平等，臣子得到一个好的结局，却从没有过。以前的事就是这样，更何况是现在，这是后人应该借鉴的。"张孟谈认为现在自己"名显而身尊"，为避免造成内部冲突和混乱，所以必须引退。赵襄子见他既然这么说，就让他走了。

31.　强弩之末

韩安国，字长儒，成安（今河南商丘西北）人。原是西汉时梁王刘武的中大夫，在平定"吴楚七国之乱"时立下汗马功劳。但后来他因触犯国法，被革除官职。于是他便赋闲在家，过着隐居生活。汉武帝即位后，韩安国便贿赂太尉田，获得北地都尉一职，不久又升迁为大司农。后来韩安国又助汉武帝平定战乱，汉武帝因此升他为御史大夫。此时汉朝和匈奴有矛盾，时战时和。一次，匈奴突然派遣使者前来求和。汉武帝难以决断，便召集众位大臣前来商议此事。大臣王恢反对议和，主张对匈奴用兵。韩安国表示反对，他说："匈奴现在兵力雄厚而且神出鬼没，我们千里迢迢远征匈奴，很可能失利。这就像射出的箭飞到最后，连鲁地产的最薄的绸缎也射不穿；狂风吹到最后，连很轻的羽毛也吹不动一样。现在对匈奴用兵实在不是明智的做法。依我看，议和比较好。"众人纷纷表示赞同，于是，汉武帝采纳了韩安国的意见。

32.　请君入瓮

唐朝女皇武则天，为了镇压反对她的人，任用了一批酷吏。其中两个最为狠毒，一个叫周兴，一个叫来俊臣。他们利用诬陷、控告和惨无人道的刑法，杀害了许多正直的文武官吏和平民百姓。有一回，一封告密信送到武则天手里，内容竟是告发周兴与人联络谋反。武则天大怒，责令来俊臣严查此事。来俊臣心里直犯嘀咕，他想，周兴是个狡猾奸诈之徒，仅凭一封告密信，是无法让他说实话的；可万一查不出结果，太后怪罪下来，我来俊臣也担待不起呀。这可怎么办呢？苦苦思索半天，终于想出一条妙计。他准备了一桌丰盛的酒席，把周兴请到自己家里。两个人你劝我喝，边喝边聊。酒过三巡，来俊臣叹口气说："兄弟我平日办案，常遇到一些犯人死不认罪，不知老兄有何办法？"周兴得意地说："这还不好办！"说着端起酒杯抿了一口。来俊臣立刻装出很恳切的样子说："哦，请快快指教。"周兴阴笑着说："你找一个大瓮，四周用炭火烤热，再让犯人进到瓮里，你想想，还有什么犯人不招供呢？"来俊臣连连点头称是，随即命人抬来一口大瓮，按周兴说的那样，在四周点上炭火，然后回头对周兴说："宫里有人密告你谋反，上边命我严查。对不起，现在就请老兄自己钻进瓮里吧。"周兴一听，手里的酒杯啪嗒掉在地上，跟着又扑通一声跪倒在地，连连磕头说："我有罪，我有罪，我招供。"

33. 穷兵黩武

东吴后期的名将陆抗，二十岁时就被任命为建武校尉，带领他父亲陆逊留下的部众五千人。公元264年，孙皓当了东吴的国君，三十八岁的陆抗担任镇军大将军。当时，东吴的朝政非常腐败。孙皓荒淫暴虐，宫女有好几千人，还向民间掠夺；又用剥面皮、凿眼睛等酷刑任意杀人。陆抗对孙皓的所作所为非常不满，多次上疏，劝谏他对外加强防守，对内改善政治，以增强国力。他曾在奏疏中一次陈述当前应做的事达十六件之多。但是，孙皓对他的建议置之不理。

公元 272 年，镇守西陵的吴将步阐投降晋朝。陆抗得知后、立即率军征讨步阐。他知道晋军一定会来接应步阐，因此命令军民在西陵外围修筑一道坚固的围墙。吴将多次要求攻打西陵，但陆抗总是不许。等到工事完成；晋军已经赶到西陵接应步阐，陆抗率军击退来援的晋军，再向西陵发起猛攻，很快攻进城内，将叛将步阐杀死。当时，晋朝的车骑将军羊祜镇守襄阳。他见陆抗能攻善守，知道要打败东吴并不容易，因此对东吴采取和解策略：部下掠夺了东吴的孩子，他下令放回；行军到东吴边境，收割了东吴方面的庄稼，就送绢帛给东吴作抵偿，猎获的禽兽已被吴人打伤，就送还东吴。陆抗明白羊祜的用意，也用同样的态度对待晋商。两人还经常派使者往来，互相表示友好。

因此，吴、晋一部分边境地带一时出现了和好的局面。? 孙皓听说那里的边境和好，很不高兴，派人责问陆抗。陆抗回话说："一乡一县尚且不能没有信义，何况大国呢！我如果不这样做，反而会显出羊祜很有威德，对他没有什么损害。"孙皓听了，无话可说；但他还是想出兵攻晋。陆抗见军队不断出动，百姓精疲力竭，便向孙皓上疏说。"现在，朝廷不从事富国强兵，加紧农业生产，储备粮食，让有才能的人发挥作用，使各级官署不荒怠职守，严明升迁制度以激励百官，审慎实施刑罚以警戒百姓，用道德教导官吏，以仁义安抚百姓，反而听任众将追求名声，用尽所有兵力，好战不止，耗费的资财动以万计，士兵疲劳不堪。这样，敌人没有削弱，而我们自己倒象生了一场大病。"陆抗还郑重指出，吴、晋两国实力不同，今天即使出兵获胜，也得不偿失。所以，应该停止用兵，积蓄力量，以待时机。"但是，孙皓对陆抗的这些忠告都听不进去。后来陆抗去世，晋军讨伐东吴，沿着长江顺流东下，势如破竹，吴国终于被晋所灭亡。

34. 群策群力

西汉时期著名的文学家扬雄初以文章辞赋见长，受到世人的称赞。后来他转而研究哲学，也取得了斐然的成绩。他模仿孔子《论语》的形式，写了《法言》一书。其中《法言·重黎》这一篇文章讲述了历史上著名的汉王刘邦与西楚霸王项羽争斗的情形。在楚汉战争中，西楚霸王项羽拥有较强的兵力，但却被实力相对较弱的汉王刘邦包围在垓下。项羽奋勇杀出重围，逃到乌江边时，随行的只有二十八名骑兵了，而身后却有成千上万的汉军追杀过来。项羽知道已无路可逃，只得感叹："这是老天爷要灭我啊！"然后拔剑自杀了。扬雄反对项羽把战争失败的原因归结于天命。在《法言·重黎》中，他阐述了自己的观点："汉王刘邦善于采纳众人的计策，众人的计策又增强了大家的力量；而项羽却不同，他不虚心接受大家的意见，只依靠自己的勇猛鲁莽行事。善于采纳众人的计策就会胜利，而只凭借个人的勇猛就会失败。这其实与天命没有任何关系，项羽的感叹其实是错误的。"

35. 任人惟贤

　　齐襄公有两个弟弟，一个是公子纠，另一个是公子小白。公元前686年，齐国大乱，襄公被杀。公子纠跟着他的师傅管仲到鲁国避难，而公子小白则跟着他的师傅鲍叔牙逃往莒国。第二年，齐国派使者到鲁国迎回公子纠当齐国国君。管仲担心公子小白会抢先回国夺取君位，所以先带领支人马去拦截公子小白，并偷偷向小白射了一箭。然而，公子小白并没有死。他赶在公子纠之前回到齐国，当了国君，即齐桓公。后公子纠在鲁国被杀，管仲也因此被捕，送到齐国。在押解途中他来到绮乌这个地方，向守边界的官员乞求一些吃的。那位官员给了管仲一些食物后问道："您到齐国后，如果没有被杀，而得到重用，你将如何报答我？"管仲说："如果真如你所说，我会任用贤人，使用能人，评赏有功劳的人。"后来，管仲被齐桓公拜为上卿，他果然实践了自己的诺言，令各级官吏举荐贤才，尽心竭力辅助齐国。

36. 三顾茅庐

　　公元201年，在曹操迫下，刘备逃往荆州投靠刘表。刘表拨给他一些人马，让他驻在新野（今河南新野县）。刘备凭着汉朝宗室后裔的身份，使得荆州一带的豪杰名士纷纷归附于他，有了落脚之地的刘备就开始图谋更大的发展，四处寻访能辅佐自己建功立业的贤才。

他打听到襄阳地方有个名士叫司马徽，就特地去拜访。司马徽说："这一带有卧龙，还有凤雏，您能请到其中一位，就可以平定天下了。"司马徽告诉刘备：卧龙名叫诸葛亮，字孔明；凤雏名叫庞统，字士元。

徐庶也是当地一位名士，因为听到刘备正在招请人才，特地来投奔他。刘备很高兴，就把徐庶留在部下当谋士。一天，徐庶也向刘备推荐诸葛亮，他说：我朋友诸葛亮，人称卧龙，是罕见的人才，将军不想见他吗？于是刘备表示希望见见诸葛亮，并希望徐庶带诸葛亮来。徐庶则说：像诸葛亮这样的人才，只能您去见他，不能随便召他来见您！

本来，刘备认为徐庶已是个难得的人才，想不到徐庶如此推崇诸葛亮，方知诸葛亮更是人才，于是刘备带了关羽、张飞，准备一份厚礼，到隆中卧龙岗去拜见诸葛亮，欲请他出山，帮助他治理国家。不巧的是，那天诸葛亮那天不在家，刘备白走了一趟。

刘备并不灰心，过了些时候再次前去造访。这时正值隆冬时节，半路上忽然风雪交加。刘备一行人顶着风雪艰难地跋涉着，没想到千辛万苦地赶到后，却被告知诸葛亮和朋友一起出门去了。张飞本不愿意再来，见诸葛亮不在家，就催着要回去。刘备只得留下一封信，表达自己对诸葛亮的敬佩和请他出来帮助自己挽救国家危险局面的意思。

一连碰了两次壁，刘备仍没有灰心，过了一段时间，他决定第三次登门拜访诸葛亮。关羽说诸葛亮也许是徒有虚名，未必有真此才实学，不用去。张飞却主张由他一个人去叫，如他不来，就用绳子把地捆来。刘备把张飞责备了一顿，又和他俩第三次访诸葛亮。到诸葛亮家时，他正在睡觉。刘备不敢惊动他，一直在台阶下站到诸葛亮醒来。

诸葛亮醒来后，刘备恭恭敬敬地请诸葛亮出山共谋大业。诸葛亮见刘备胸有大志，求贤诚恳，便与他畅谈天下形势，他说：目前曹操不仅兵力逾百万，而且挟天子以令诸侯，是最大的军阀，不能与曹操争锋；孙权占有江东，已经三代，而且江东地势险要，可以联合孙权作为外援；虽然刘表占据荆州，但他懦弱无能，是夺取荆州的良机；益州地势险要、土地肥沃，但是其统治者刘璋昏庸。因此，诸葛亮建议刘备夺取荆州后即取益州，然后与西南少数民族修好，再和孙权结成联盟，内修明政，等待时机北伐，兴复汉室。

刘备听了诸葛亮透彻的分析后，极为敬佩，于是极力恳请诸葛亮出山，帮助他完成大业。诸葛亮见刘备礼贤下士，心胸开阔，抱负远大，正是自己想要辅佐的人，于是就答应刘备的请求。

"三顾茅庐"的典故就是由此而来，后世人见有人为请他所敬仰的人出来帮助自己做事，而一连几次亲自到那人的家里去的时候，就引用这句话来形容敦请人的渴望和诚恳的心情。也就是不耻下问，虚心求才的意思。

37. 神机妙算

公元208年，曹操率大军南下，准备一举消灭刘备和孙权的势力，一统天下。刘备派诸葛亮去东吴联合孙权，共同对付曹操。东吴的都督周瑜嫉妒诸葛亮的才华，总想把他除掉。一次，诸葛亮立下了军令状，三天之内要造出十万枝箭，否则就会被斩首。周瑜暗自高兴，觉得诸葛亮肯定完成不了任务，可以借机除掉他。可是，诸葛亮早已想出了完成任务的办法。他私下向鲁肃借了二十只快船，每只船上都立了一千多个草人。第二天凌晨，诸葛亮趁江面上大雾笼罩，下令将草船驶近曹军水寨，装作攻打曹军的样子。曹操看到这种情况，下令军队用箭射向对方。霎时间，曹军一万多名弓箭手一齐朝江中射箭。不一会儿，二十只船上的草人已经挂满了箭。诸葛亮让船上士兵齐声高喊："谢丞相借箭。"等曹操明白时，诸葛亮的草船早已驶远了，曹操悔恨不已。周瑜知道诸葛亮草船借箭的经过后，万分感慨地说："诸葛亮灵巧的心思已达到神奇的程度，我的确不如他啊！"

38. 识时务者为俊杰

三国时期，刘备曾被曹操打败，被迫依附荆州牧刘表，但他胸怀复兴汉室之大志，不甘心寄人篱下。他深知要成大事，必须有才智之士的辅佐，因此暗地里一直在物色杰出的人才。后来他听说司马徽在襄阳一带名声很大，是个有才能的人，便去拜访，并向他询问对于天下大事、政治时局的看法。司马徽说："像我这样平庸的书生文士怎么能认清天下复杂的形势呢？能认清天下形势的人才是杰出的人物。这一带有'卧龙'和'凤雏'两个人，他们就是这样的人才。""卧龙"指的是诸葛亮，"凤雏"指的是庞统。此二人后来都被刘备访求征召，成为蜀汉的重要大臣。司马徽对诸葛亮和庞统二人的评价确实是很有见地的，此二人的确都是卓尔不凡的人才。诸葛亮隐居隆中，饱读史书，具有丰富的政治、军事、历史方面的知识，自认为有王佐之才，最终帮助刘备建立了蜀汉政权。庞统也是目光远大之人，能把握政务全局，察知形势发展变化的趋势。

39. 势如破竹

三国末年，晋武帝司马炎灭掉蜀国，夺取魏国政权以后，准备出兵攻打东吴，实现统一全中国的愿望。他召集文武大臣们商量灭吴大计。多数人认为，吴国还有一定实力，一举消灭它恐怕不易，不如有了足够的准备再说。

大将杜预不同意多数人的看法，写了一道奏章给晋武帝。杜预认为，必须趁目前吴国衰弱，忙灭掉它，不然等它有了实力就很难打败它了。司马炎看了杜预的奏章，找自己的最信任的大臣张华征求意见。张华很同意杜预的分析，也劝司马炎快快攻打吴国，以免留下后患。于是司马炎就下了决心，任命杜预作征南大将军。公元279年，晋武帝司马炎调动了二十多万兵马，分成六路水陆并进，攻打吴国，一路战鼓齐鸣，战旗飘扬，战士威武雄壮。第二年就攻占了江陵，斩了吴国一员大将，率领军队乘胜追击。在沅江、湘江以南的吴军听到风声吓破了胆，纷纷打开城门投降。司马炎下令让杜预从小路向吴国国都建业进发。此时，有人担心长江水势暴涨，不如暂收兵等到冬天进攻更有利。杜预坚决反对退兵，他说："现在趁士气高涨，斗志正旺，取得一个又一个胜利，势如破竹（像用快刀劈竹子一样，劈过几节后竹子就迎刃破裂），一举攻击吴国不会再费多大力气了！"晋朝大军在杜预率领下，直冲向吴都建业，不久就攻占建业灭了吴国。晋武帝统一了全国。

40. 四面楚歌

公元前202年，项羽和刘邦原来约定以鸿沟（在今河南荥县境贾鲁河）东西边作为界线，互不侵犯。后来刘邦听从张良和陈平的规劝，觉得应该趁项羽衰弱的时候消灭他，就又和韩信、彭越、刘贾会合兵力追击正在向东开往彭城（即今江苏徐州）的项羽部队。经过几次激战，最终韩信使用十面埋伏的计策，布置了几层兵力，把项羽紧紧围在垓下（在今安徽灵璧县东南）。这时，项羽手下的兵士已经很少，粮食又没有了。夜间听见四面围住他的军队都唱起楚地的民歌，不禁非常吃惊地说："刘邦已经得到了楚地了吗？为什么他的部队里面楚人这么多呢？"说着，心里已丧失了斗志，便从床上爬起来，在营帐里面喝酒，以酒解忧，自己吟了一首诗，诗曰："力拔山兮气盖世，时不利兮骓不逝，骓不逝兮可奈何，虞兮虞兮奈若何"。意思是："力量能搬动大山啊气势超压当世，时势对我不利啊骏马不能奔驰。骏马不能奔驰啊如何是好，虞姬虞姬啊我怎样安排你！"，并和他最宠爱的妃子虞姬一同唱和。歌数阕，直掉眼泪，在一旁的人也非常难过，都低着头一同哭泣。唱完，虞姬自刎于项羽的马前，项羽英雄末路，带了八百余名骑士突围，最终只余下二十八人。他感到无颜面对江东父老，最终自刎于江边，刘邦独揽天下。

因为这个故事里面有项羽听见四周唱起楚歌，感觉吃惊，接着又失败自杀的情节，所以以后的人就用"四面楚歌"这句话，形容人们遭受各方面攻击或逼迫的人事环境，而致陷于孤立窘迫的境地。凡是陷于此种境地者，其命运往往是很悲惨的，例如某人因经常与坏人为伍，不事生产，游手好闲；但后来却被那些坏人逼迫得无以为生，求助于别人时，别人也因他平日行为太坏，绝不同情更不理睬，这人所处的境地便是"四面楚歌"。又如学校里讨论学术问题，其学生不学无术（成语，意即没有学术）、信口雌黄、颠倒是非，同学们群起而攻之，这学生便完全处于孤立地位，这也可叫做"四面楚歌"。在我们的人生历程上，在我们的日常生活中，好好的做人，脚踏实地的做事，若是行差踏错，就未免要遭受"四面楚歌"的厄运了。

项王兵败垓下，在乌江自刎，有关历史上这一典故，李清照曾写诗：生当作人杰，死亦为鬼雄，至今思项羽，不肯过江东。表达对项王的敬佩，思念之情。毛泽东也曾写过一首诗，其中有：宜将剩勇追穷寇，不可沽名学霸王。表达了不同的思想感情。

41. 太公钓鱼愿者上钩

公元前十一世纪时，八十老人姜子牙曾任商朝下大夫，因见纣王荒淫无道，便弃官逃往西岐本想自投西伯姬昌，又怕被人耻笑，所以暂时隐居在渭水河边的小村庄里，以待时机。一天，他正在渭河边钓鱼解闷，有一樵夫武吉担柴路过，见他竟用直钩钓鱼，还离着水面三尺远，鱼钩上也没挂香饵，便问长者贵姓。姜尚答道："姓姜名尚，字子牙，号飞熊。"武吉叹了口气说："真是有志不在年高，无志空言百岁。象你这样愚拙的人，还自号飞熊，实不相称!"姜尚微微一笑:"老夫钓鱼是假待机进取是真。然而要钓王与侯,宁在直中取,不可曲中求!"武吉道: "你哪像王侯倒像活猴。"说罢,就担起柴担进城去了。不料武吉进城失手打死了守门的军士招来杀身大祸,巧逢西伯姬昌路过,得知武吉是个孝子,家中有老母无人奉养,便赠与黄金十两,命他回去安顿好老母再来领罪。老母绝望,便带武吉来向姜尚求教解救之法。姜教他如此这般,从此武吉只在乡中干活,不再进城去了。

光阴似箭,不觉又是一个春天。一日,西伯来到渭河边踏青打猎。忽听有人唱道:"凤非乏兮麟非无,但嗟治世有污。龙兴云出虎生风,世人慢惜寻贤路……"姬昌命人将歌者找来,见是武吉,大喝道: "你怎敢欺我,不来领罪,反在此唱歌?"武吉便照实说了,并说这歌也是姜尚所作,姬昌认为姜尚必是贤者,便当即赦免了武吉的死罪,命他带路来河边寻访姜尚。姜尚为试姬昌的诚心,未理采而避入芦苇丛中。姬昌求贤心切,三日后,又封武吉为武德将军,再次带路,亲率百官一同再访姜尚,封为太公。后来太公辅佐文王,随武王伐纣,建立了周朝。

42. 探囊取物

韩熙载是五代时期南唐著名的贤才,因为明宗李嗣源杀害了他的父亲,于是他决定离开中原,投靠江南的南唐政权。韩熙载的好友李韩熙载是五代时期南唐著名的贤才,因为明宗李嗣源杀害了他的父亲,于是他决定离开中原,投靠江南的南唐政权。韩熙载的好友李榖前去为他送行。临行前,韩熙载告诉李榖:"江南的南唐如果重用我，让我当宰相，那我一定能率军北上，迅速收复中原。"
而李毂听后则说："我如果担任中原国家的宰相，那我就能率军轻
而易举、毫不费力地夺取南唐各国。"韩熙载投奔南唐后不久，南
唐就吞并了吴国。但是由于南唐皇帝昏庸，奸臣当道，韩熙载一直
未能受到重用，也没能当上宰相。而他的好友李毂却做了中原国家
——后周的大将。他奉命征讨南唐，屡建奇功，夺取了南唐的很多
城池，受到后周朝廷的赏识。后来他虽然也没能当上宰相实现自己
的誓言，但他的境遇明显要比韩熙载好得多。

43. 螳螂捕蝉黄雀在后

　　春秋时期，各诸侯国之间经常进行兼并战争。有一次，吴王准
备进攻楚国。他召集群臣，宣布了准备攻打楚国的决定。大臣们一
听这个消息，就低声议论起来，因为大家都知道吴国目前的实力还
不够雄厚，应该养精蓄锐，先使国富民强，之后才能作别的打算。

　　吴王听到大臣们在底下窃窃私语，似有异议，便厉声制止道：
"你们不要议论了，我决心已定，谁也别想动摇我！倘若有谁执意
要阻止我，我决不轻饶！"

　　众大臣面面相觑，谁也不敢乱说一句。当时朝堂上有一位正直
的年轻侍从，退朝后心中仍旧无法安宁，他觉得吴王这样做是在是
太草率了，但是又不知道怎样才能说服吴王，使其放弃攻打楚国的
想法。于是这个侍从在吴王的后花园内踱来踱去地想办法，就在此
时，他的目光无意中落到了树上一只蝉的身上，他立刻就有了
主意。

第二天天刚亮，这个青年侍从又来到了吴王休息的后花园，他手拿一把弹弓，在树底下转来转去。第三天早晨他又来到树下转悠，第四天、第五天早晨也是这样转来转去的。有人觉得他的行为很奇怪，就把这事告诉了吴王。

第六天早晨，青年侍从又来了，吴王也来了，便问他："你一连几天早晨来这花园里干什么？瞧你的衣服都被露水浸湿了，你到底要做什么呢？"这个青年侍从手拿弹弓，对吴王轻声说道："大王，您小声一点。您向树上看，那里有一只蝉只顾着在那里高兴地吸露水，却没有觉察到有一只螳螂躲在他身后，弯着前肢，想要捕捉它呢！"

吴王笑着说："螳螂捕蝉，这有什么好稀奇的。"青年侍从说："大王您再看，螳螂一心想捕蝉，但它不知道，还有一只黄雀在它身后，正伸长脖子，瞪着眼睛，想啄它呢。"

吴王说："这又说明什么呢？"

青年侍从将手中的弹弓搭上泥丸对准黄雀，然后说："那只黄雀只顾着看着螳螂，却不知道我的弹弓已经对准它了。蝉、螳螂、黄雀都只看到自己眼前的利益，却没有想到自己身后的危险啊！"

吴王听到这里，猛然醒悟了，他明白了青年侍从的用意，取消了攻打楚国的计划。

44. 天罗地网

元代的李寿卿创作了一个杂剧，名叫《伍员吹箫》，说的是春秋时吴国大夫伍员一段曲折经历的故事。故事内容是这样的：楚平王身旁有个很会拍马的人，名叫费无极。一次，他奉命到秦国去给太子华建迎接新娘，见新娘非常美丽，便怂恿平王把她留作自己的妃子。昏庸好色的平王居然照办。这件事传开后，成为一大丑闻。

太子华建的老师伍奢，是个刚正不阿的大臣。费无极生怕他今后帮助太子惩罚自己，便怂恿平王诱杀了他及其长子。这样做还不够，费无极又怂恿平王把太子华建送到城文去把守边疆。后来仍不放心，又派人去杀害他。公子华建得到风声，连夜逃跑。他知道伍奢的次子伍员在樊城镇守，便赶到那里，告诉了他父兄被杀的情况，并说费无极已派他的儿子费得雄即将赶到樊城来骗你回去，然后杀掉。

伍员听到这些消息，大骂费无极心狠，平王无道，决定采取适当措施对付赶来的费得雄。过了几天，费得雄果然来到樊城。见了伍员后，他谎称平王因伍员屡立战功，要重加赏赐，请伍员立刻启程回朝，接受赏赐。伍员故意问道："我已半年未曾回朝，不知我家父兄等是否安康？"费得雄装模作样他说："你们伍家好生兴旺，有哪家比得上！"伍员听了勃然大怒，一把抓住费得雄的衣襟，痛斥道："你们这伙坏蛋，把我全家杀绝，还无耻他说我伍家兴旺！"费得雄以为伍员不可能知道这件事的详情，便要求伍员举出证人。伍员愤怒他说："如果不是公子华建来到这里说明内情，道破你这个坏蛋的谎言，我险些儿被你骗进天罗地网！"费得雄这才无话可说。伍员痛打了他一顿，弃官而走。后来他来到吴国，打扮成一个要饭的，在热闹的街市上吹箫唱曲，终于被吴王请去，当了吴国的大夫，促使吴国战胜楚国，为父兄报了仇。

45. 图穷匕见

战国末期，秦国实力强盛，攻灭了韩、赵两国后，又向燕国进军。为此，燕太子丹决定派人去行刺秦王，以扭转局势。

太子丹物色到一位勇士，名叫荆轲。他擅长剑术，是行刺秦王的最好人选。为了使荆轲能接近秦王，特地为他准备了两样秦王急于想获得的东西：一是从秦国叛逃到燕国的将领樊於期的头颅，二是燕国督亢地区（今河北涿县东）的地图，表示燕国愿将这块地方献给秦国。这两样东西分别放在匣子里。行刺秦王的匕首，就放在卷着的地图的最里面。此外，还为荆轲配了一名助手，此人叫秦武阳。临行时，太子丹和荆轲的好友高渐离身穿丧服，将荆轲送到易水边。高渐离为他们弹奏了《易水寒》。

秦王得知燕国派人来献两样他最需要的东西，非常高兴。在都城咸阳宫内隆重接见。荆轲捧着装有樊於期头颅的匣子走在前面，秦武阳捧着装有地图的匣子跟在后面。

秦武阳在上台阶时，紧张得双手颤抖，脸色变白。荆轲赶紧作了解释，并按秦王的要求，接过秦武阳手里装有地图的匣子，当场打开，取出地图，双手捧给秦王。秦王慢慢展开卷着的地图，细细观看。快展到尽头时，突然露出一把匕首。荆轲见匕首露现，左手抓住秦王衣袖，右手举起匕首便刺。

但是，荆轲并未刺中秦王。秦王急忙拔剑自卫，却又一时拔不出来。于是两人绕着柱子转。卫兵因没有秦王命令，不敢擅自上前。?

就在这紧张的时刻，秦王的侍臣突然将医袋抽打荆轲，并提醒秦王把剑推到背后拔出。秦王顿时醒悟过来，迅速拔出剑来，一剑砍断了荆轲的左腿。荆轲倒地后，将匕首投向秦王。结果未中，被拥上来的卫兵杀死。

46. 退避三舍

晋文公即位以后，整顿内政，发展生产，把晋国治理得渐渐强盛起来。他也想能像齐桓公那样，做个中原的霸主。

这时候，正好周朝的天子周襄王派人来讨救兵。周襄王有个异母兄弟叫太叔带，联合了一些大臣，向狄国借兵，夺了王位。周襄王带着几十个随从逃到郑国。他发出命令，要求各国诸侯护送他回洛邑去。列国诸侯有派人去慰问天子的，也有送食物去的，可就是没有人愿意发兵打狄人。

有人对周襄王说："现在诸侯当中，只有秦、晋两国有力量打退狄人，别人恐怕不中用。"襄王才打发使者去请晋文公护送他回朝。

晋文公马上发兵往东打过去，把狄人打败，又杀了太叔带和他那一帮人，护送天子回到京城。

过了两年，又有宋襄公的儿子宋成公来讨救兵，说楚国派大将成得臣率领楚、陈、蔡、郑、许五国兵马攻打宋国。大臣们都说："楚国老是欺负中原诸侯，主公要扶助有困难的国家，建立霸业，这可是时候啦。"

晋文公早就看出，要当上中原霸主，就得打败楚国。他就扩充队伍，建立了三个军，浩浩荡荡去救宋国。

公元前632年，晋军打下了归附楚国的两个小国——曹国和卫国，把两国国君都俘虏了。

楚成王本来并不想同晋文公交战，听到晋国出兵，立刻派人下命令叫成得臣退兵。可是成得臣以为宋国迟早可以拿下来，不肯半途而废。他派部将去对楚成王说："我虽然不敢说一定打胜仗，也要拼一个死活。"

楚成王很不痛快，只派了少量兵力归成得臣指挥。

成得臣先派人通知晋军，要他们释放卫、曹两国国君。晋文公却暗地通知这两国国君，答应恢复他们的君位，但是要他们先跟楚国断交。曹、卫两国真的按晋文公的意思办了。

成得臣本想救这两个国家，不料他们倒先来跟楚国绝交。这一来，真气得他双脚直跳。他嚷着说："这分明是重耳这个老贼逼他们做的。"他立即下令，催动全军赶到晋军驻扎的地方去。

楚军一进军，晋文公立刻命令往后撤。晋军中有些将士可想不开啦，说："我们的统帅是国君，对方带兵的是臣子，哪有国君让臣子的理儿？"

狐偃解释说："打仗先要凭个理，理直气就壮。当初楚王曾经帮助过主公，主公在楚王面前答应过：要是两国交战，晋国情愿退避三舍。今天后撤，就是为了实现这个诺言啊。要是我们对楚国失了信，那么我们就理亏了。我们退了兵，如果他们还不罢休，步步进逼，那就是他们输了理，我们再跟他们交手还不迟。"

晋军一口气后撤了九十里，到了城濮（今山东鄄城西南），才停下来，布置好了阵势。

楚国有些将军见晋军后撤，想停止进攻。可是成得臣却不答应，一步盯一步地追到城濮，跟晋军遥遥相对。

成得臣还派人向晋文公下战书，措词十分傲慢。晋文公也派人回答说："贵国的恩惠，我们从来都不敢忘记，所以退让到这儿。现在既然你们不肯谅解，那么只好在战场上比个高低啦。"

大战展开了。才一交手，晋国的将军用两面大旗，指挥军队向后败退。他们还在战车后面拖着伐下的树枝，战车后退时，地下扬起一阵阵的尘土，显出十分慌乱的模样。

成得臣一向骄傲自大，不把晋人放在眼里。他不顾前后地直追上去，正中了晋军的埋伏。晋军的中军精锐，猛冲过来，把成得臣的军队拦腰切断。原来假装败退的晋军又回过头来，前后夹击，把楚军杀得七零八落。

晋文公连忙下令，吩咐将士们只要把楚军赶跑就是了，不再追杀。成得臣带了败兵残将回到半路上，草木皆兵，心惊胆战，自己觉得没法向楚成王交代，就自杀了。

晋军占领了楚国营地。把楚军遗弃下来的粮食吃了三天，才凯旋回国。

晋国打败楚国的消息传到周都洛邑，周襄王和大臣都认为晋文公立了大功。周襄王还亲自到践土慰劳晋军。晋文公趁此机会，在践土给天子造了一座新宫，还约了各国诸侯开个大会，订立盟约。这样，晋文公就当上了中原的第三个霸主。

47. 完璧归赵

战国时候，赵王得到了一块楚国原先丢失的名贵宝玉——"和氏璧"。这件事情让秦王知道了，他就派使者对赵王说，自己愿意用十五座城池来换"和氏璧"。

赵王看了信，心里想：秦王一向是只想占便宜，不肯吃亏的人。这一次怎么这么大方？要是不答应他的请求吧，怕秦国兴兵来进攻；要是答应吧，又怕上当。他想来想去，拿不定主意，就和大臣们商量，但大臣们也想不出什么好办法来。

蔺相如知道了这件事，便对赵王说："大王，让我带着'和氏璧'去见秦王吧。到那里我见机行事。如果秦王不肯用十五座城池来交换，我一定把'和氏璧'完整地带回来。"赵王知道蔺相如是个既勇敢又机智的人，就同意他去了。

蔺相如到了秦国，秦王在王宫里接见了他。蔺相如双手把"和氏璧"献给秦王。秦王接过来左看右看，爱不释手。他看完了，又传给大臣们一个一个地看，然后又交给后宫的妃子们去看。

蔺相如一个人站在旁边，等了很久，也不见秦王提起割让十五座城的事情，他便知道秦王根本没有用十五座城池换取宝玉的诚意。可是宝玉已经到了秦王手里，怎么才能拿回来呢？他想来想去，想出了一个计策。只见蔺相如走上前去，对秦王说："这块'和氏璧'虽然看着挺好，可是有一点小瑕疵，让我指给大王看。"秦王一听"和氏璧"有瑕疵，赶紧叫人把宝玉从后宫拿来交给蔺相如，让他指出来。

蔺相如拿着"和氏璧"往后退了几步，身体靠在柱子上，气冲冲地对秦王说："当初大王差人送信给赵王，说情愿拿十五座城来换赵国的和氏璧。赵国大臣都说，千万别相信秦国骗人的话，我可不这么想，我说老百姓还讲信义呐，何况秦国的大王哩！赵王听了我的劝告，这才派我把'和氏璧'送来。没想到方才大王把宝玉接了过去，随便交给下面的人传看，却不提起换十五座城的事情来。这样看来，大王确实没有用城换璧的诚心。现在宝玉在我的手里，如果大王硬要逼迫我，我情愿把自己的脑袋和这块宝玉一块儿撞碎在这根柱子上！"说着，蔺相如举起"和氏璧"，面对柱子，就要摔过去。

秦昭襄王怕蔺相如真的把宝玉撞碎，连忙向蔺相如赔不是，说："大夫不要着急，我说的话怎么能不算数哩！"说着叫人把地图拿来，假惺惺地指着地图说："从这儿到那儿，一共十五座城，都划给赵国。"蔺相如心想，秦王常常会耍鬼把戏，可别再上他的当！他就跟秦王说："这块'和氏璧'是天下有名的宝贝。赵王送它到秦国来的时候，斋戒了五天，还在朝廷上举行了隆重的赠送宝玉的仪式。现在大王要接受这块宝玉，也应该斋戒五天，在朝廷上举行接受宝玉的仪式，我这才能把宝玉献上。"秦王本不想这样做，但见蔺相如态度坚决，只得无奈地说："好！就这么办吧！"说完，他就派人送蔺相如到旅店去休息。

蔺相如拿着那块宝玉到了公馆里。叫一个手下人打扮成一个买卖人的样儿，把那块宝玉包着，藏在身上，偷偷地从小道跑回到赵国去了。至于秦王会把他怎么样，他一点也没有考虑。

后来秦王召见蔺相如，蔺相如说："和氏璧已被我派人送回赵国，您先把十五座城交给赵国，不然休想得到和氏璧。"秦王想攻打赵国，但又没有什么好处，想挟持蔺相如，但又想蔺相如机智勇敢，不怕死，于是无奈地放了他回赵国。

48. 望梅止渴

曹操是三国时期著名的政治家、军事家。他足智多谋，善于解决用兵中的各种复杂问题。一年夏天，天气炎热，他率领大军经过一个没有水的地方。将士们又热又渴，难受极了。曹操心里非常焦急，于是便派人分头到各处去找水。过了一会儿，这些人都提着空桶回来，根本找不到水。曹操心想，士兵们如果久留在这里，他们一会坚持不下去的。突然，他灵机一动，大声说道："有办法啦！"士兵们一个个从地上爬起来，兴高采烈地问道："什么办法？"曹操手指前方说："这条路我曾走过，前面不远处有一大片梅林，那里的梅子又大又多，味道酸甜可口，咱们快上那儿去吧！"士兵们一听说梅子，就自然地联想到酸味，口水也不知不觉地流了出来，顿时也不觉得渴了。曹操立刻指挥队伍向前行进。走了一段时间，队伍终于来到了一个有水的地方。大家痛饮一番之后，精神焕发地继续前进了。

49. 围魏救赵

公元前 354 年，魏惠王欲释失中山的旧恨，便派大将庞涓前去攻打。这中山原本是东周时期魏国北邻的小国被魏国收服，后来赵国乘魏国国丧伺机将中山强占了，魏将庞涓认为中山不过弹丸之地，距离赵国又很近，不若直打赵国都城邯郸，既解旧恨又一举双得。魏王从之，欣欣然似霸业从此开始，即拨五百战车以庞涓为将，直奔赵国围了赵国都城邯郸。赵王急难中只好求救于齐国，并许诺解围后以中山相赠。齐威王应允，令田忌为将，并起用从魏国救得的孙膑为军师领兵出发。这孙膑曾与庞涓同学，对用兵之法谙熟精通。魏王用重金将他聘得，当时庞涓也正事奉魏国。庞涓自觉能力不及孙膑，恐其贤于己，遂以毒刑将孙膑致残，剜掉孙的膝盖骨并在他脸上刺字，企图使孙不能行走，又羞于见人。后来孙膑装疯，幸得齐使者救助，逃到齐国。这是一段关于庞涓与孙膑的旧事。

　　且说田忌与孙膑率兵进入魏赵交界之地时，田忌想直逼赵国邯郸，孙膑制止说："解乱丝结绳，不可以握拳去打，排解争斗，不能参与搏击，平息纠纷要抓住要害，乘虚取势，双方因受到制约才能自然分开。现在魏国精兵倾国而出，若我直攻魏国。那庞涓必回师解救，这样一来邯郸之围定会自解。我们再于中途伏击庞涓归路，其军必败。田忌依计而行。"果然，魏军离开邯郸，归路中又陷伏击与齐战于桂陵，魏部卒长途疲惫，溃不成军，庞涓勉强收拾残部，退回大梁，齐师大胜，赵国之围遂解。这便是历史上有名的"围魏救赵"的故事。又后十三年，齐魏之军再度相交于战场，庞涓复又陷于孙膑的伏击自知智穷兵败遂自刎。孙膑以此名显天下，世传其兵法。这个典故是指采用包抄敌人的后方来迫使它撤兵的战术。

50. 未雨绸缪

周武王攻灭商朝后，还留下了纣王的儿子武庚没有杀掉。武王不放心，就派自己的三个叔叔管叔、蔡叔和霍叔对其进行监视，称为"三监"。武王去世后，周成王继位，而武王的弟弟周公旦则总揽了政权。周公旦的摄政，引起了管叔等人的不满。他们便造谣说周公旦企图篡位。成王听到这些流言蜚语后，也产生了怀疑。周公旦为了避嫌，就离开镐京，前往东都洛邑。武庚不甘心商朝灭亡，想卷土重来。他见到周氏兄弟之间有矛盾，便派人勾结"三监"起兵反叛。周公旦得知此事后，便写了一首诗《鸱鸮》送给了成王，诗的大意是："猫头鹰啊猫头鹰！你已夺走了我的儿子，不要再破坏我的家。趁着天还未下雨，我就忙着剥下桑根，抓紧修补好门窗。"诗中猫头鹰是指武庚，哀鸣的母鸟则是周公旦自己，反映了周公旦对国事的关切和忧虑。后来，成王明白了周公旦的意思、便派人杀了武庚、管叔和霍叔，后蔡叔也死于流放途中。周王朝也从此得以巩固。

51. 先发制人

公元前 209 年，陈胜、吴广在大泽乡起义后，得到了百姓的支持。当时项梁和侄子项羽为躲避仇人，跑到吴中。会稽郡的郡守叫殷通，对项梁一向很敬重，于是派人叫来项梁商讨当时的形势和自己的出路。项梁见了殷通便分析说："现今江西地区都已起义，这是上天要灭亡秦朝呀！先行动的可以制服别人，行动迟了就要被别人制服！"殷通随后说："我想派兵响应起义军。您是能干大事的人，请您和桓楚一起率军，您可知桓楚现在何处？"项梁不愿意做殷通的部属，于是他想了想说："桓楚犯了刑律，流亡在江湖上，只有我的侄子知道他的下落，我叫他进来问问。"项梁走出门，示意项羽准备好剑，找机会杀掉殷通。两人相继走进大厅。殷通刚要起身接见项羽，就被项羽用宝剑砍下了脑袋。项羽提着殷通的人头，带着郡守的大印，走到街上大声呼喊。百姓本来就痛恨秦朝官吏，看到项梁把郡守杀了，都拥戴项梁做郡守，项羽为偏将。项羽又在乡里亲友中招了号称"八千子弟兵"的八千名青年，组成了一支很有生气、战斗力很强的队伍，一起参加灭秦起义。

52. 项庄舞剑意在沛公

刘邦与项羽都进攻咸阳。楚怀王曾与他们约定'先入定关中者，王之。'刘邦先破咸阳。他二人乃同受楚怀王封爵，一者引兵北上救赵，一者率部西行略地入秦，刘邦在剪除西进中重重阻碍之后，终得"先诸侯至霸上"，在轵道旁受"秦王子婴素车白马，系颈以组，封皇帝玺符节"之降。并且拒关自守，打算自王关中。而项羽呢，他在杀掉卿子冠军之后，破釜沉舟，以非凡的勇猛果敢，大破秦军，解了巨鹿之围，使"诸侯军无不人人慑恐"。在召见诸侯将时，"入辕门，无不膝行而前，莫敢仰视。"项羽由是始为诸侯上将军，诸侯都成为他的臣属。不久他又收降了章邯，击坑秦卒二十余万，西行略定秦地。真是声威赫赫，天下莫不震服了。就在此际，他却见到函谷关有兵，又闻沛公已破咸阳。他按捺不住自己胸中怒火了！于是在破关直入驻军鸿门时，誓要击破刘邦。

一场恶战在即，刘邦论兵力远不如项羽。他从项羽的季父项伯口中得知此事后，大吃一惊，极力拉拢项羽的季父项伯，并约为亲家。项伯同意为之在项羽面前说情，并让刘邦次日前来谢项羽。鸿门宴上，不乏美酒佳肴，但却暗藏杀机，项羽的亚父范增，一直主张杀掉刘邦，在酒宴上，一再示意项羽发令，但项羽却犹豫不决，默然不应。范增召项庄舞剑为酒宴助兴，趁机杀掉刘邦，项伯为保护刘邦，也拨剑起舞，掩护了刘邦，在危急关头，刘邦部下樊哙带剑拥盾闯入军门，怒目直视项羽，项羽爱此人之才，便问来者为何人，当得知为刘邦的参乘时，即命赐酒，樊哙立而饮之。又说了很多刘邦的好话。项羽无话可说，刘邦趁机一走了之。张良等人上前给项羽献上白璧一双。项羽收下了。又给范增玉斗一双，气得范增却拨剑将玉斗撞碎。

53. 养虎遗患

远古的时候，地广人稀。那时的人们除了种地之外，靠山近水的大都以渔、猎为生。每当北风吹来，大雪飘飘之际，人们便进山打猎。这次进山他们收获不小，竟用陷阱连着捕获了一雄一雌两只猛虎。大家将两只猛虎绑住，一个猎人便循着猛虎的踪迹，在深山的洞穴里找到了一只小虎崽。这只小虎崽还刚刚睁开双眼，连奶还没有断，他睁着双眼看着猎人，一点也不害怕。猎人看到小虎崽毛绒绒、胖乎乎。憨态可掬，分外喜爱。猎人一时高兴便将小虎意抱回了家中。猎人的妻子和小孩看到猎人带回一只小虎崽，觉非觉好玩，小孩子去抚摸小虎崽，小虎崽更不怕他，就与他玩耍开了。

小虎崽在猎人家人的饲养下，随着时间的推移，慢慢长大，变成了一只大老虎。但它并不伤人，吃饱了便在村里村外闲逛，逛累了就找个树荫趴下睡一觉，这样，人虎处得十分融洽，虎见人不避，人见虎也不躲，都习以为常。春风吹拂，冰消雪化，河水解冻了，人们收起猎具，开始下河捕鱼了。

猎人沿河捕鱼，十几天后才回家，可到家一看，不禁大吃一惊，他发现家中饲养的那只老虎嘴角上残留着血渍，自己的妻子和孩子却都不见了。猎人感到一种不祥正向他逼近，他被一种巨大的恐惧笼罩了。还没等他回过神来，那只老虎猛地向他扑去，只几口便将他咬死了。

54. 一鼓作气

春秋时期，战争不断。公元前 684 年，齐国出兵攻打鲁国。鲁庄公率兵前去长勺，决定与齐军决一死战。齐军先声夺人，擂起战鼓准备进攻。鲁庄公刚要率兵应战，却被同来的的曹刿劝住了。他认为时机不到，劝鲁庄公再等等。齐军见鲁军没有动静，又一次擂响战鼓，可曹刿还认为时机不到。齐军见鲁军还是按兵不动，又第三次敲响鼓向他们挑衅。曹刿当机立断，劝鲁庄公说："进攻的时机到了。"随着雨点般的战鼓声响起，早已摩拳擦掌的鲁军奋勇而上。齐军三次进攻未果，早已士气大减，疲惫不堪，有的人甚至已经坐下休息。鲁军的突然出击使他们猝不及防，顿时溃不成军。战争胜利后，鲁庄公问曹刿说："为什么要等齐军擂三次鼓后，才能出击呢？"曹刿说："打仗，主要靠军队的士气。敲第一遍鼓时，士气最旺；第二遍鼓时，士兵的勇气就已经减退了；第三遍敲鼓，勇气已经耗尽。这时我军趁机擂鼓而上，士气旺盛之军攻打松懈疲乏之军，哪有不胜的道理？"鲁庄公听了曹刿这番话，不禁称赞道："将军真是精通战事的奇才啊！"

55. 因势利导

战国时期，魏惠王看到商鞅把秦国变强大了起来，于是也学秦孝公的样，想找一个像商鞅那样的人才。那时候，孙膑和庞涓是同学，拜军事奇才鬼谷子为师，一起学习兵法。当听到魏国国君以优厚待遇招求天下贤才到魏国做将相时，庞涓再也耐不住深山学艺的艰苦与寂寞，决定下山，谋求富贵。

庞涓的确有本领，不久便把魏国周围的诸侯小国一一征服。宋、鲁、卫、郑的国君也纷纷来到魏朝贺，表示归属。不仅如此，庞涓还领兵打败了当时很强大的齐国军队，这一仗更提高了他的声威与地位，庞涓开始自以为是、沾沾得意了。可是，他心里很明白，他的同学孙膑本领比他强。为了保住自己的声威和地位，必须把孙膑除掉。

后来，魏惠王也听到孙膑的名声，有一次跟庞涓说起孙膑。庞涓派人把孙膑请来，跟他一起在魏国共事。可是，他心里很明白，他的同学孙膑本领比他强。为了保住自己的声威和地位，必须把孙膑除掉。不久，庞涓就在背后在魏惠王面前诬陷孙膑私通齐国。魏惠王十分恼怒，把孙膑办了罪，在孙膑的脸上刺了字，还剜掉了他的两块膝盖骨。

幸好齐国有一个使臣到魏国访问，偷偷地把孙膑救了出来，带回齐国。到齐国后，孙膑被田忌推荐给齐威王。威王很器重孙膑的军事才能，任他为军师。

有一次，魏国派庞涓与赵国一起进攻韩国，韩国向齐国求救。齐王派田忌为将军，孙膑为军师，带着军队前去帮助韩国。

孙膑对田忌说："现在魏国把精锐的兵力都拿去攻赵国，国内大多是些老弱残兵，十分空虚。咱们不如去攻魏国大梁。庞涓听到了，一定要放弃邯郸，往回跑。我们在半道上等着，迎头痛击他一顿，准能把他打败。"

果然，庞涓得到本国的告急文书，只好退兵赶回去，齐国的兵马已经进魏国了。孙膑见庞涓被引诱回来，就对田忌说：善战者因其势而利导之，大意是魏国军队强悍，看不起齐国，总以为咱们的军队胆子小。善于指挥作战的人就要顺着这一趋势往有利的方面来引导。于是，孙膑建议现以假装败退，采用逐日减灶的计策，好让敌人产生误解。田忌命令部队修灶做饭，第一天修十万个灶，第二大修五万个灶，第三天减少到三万个灶。

魏国发动大量兵力，由太子申率领，抵抗齐军。这时候，齐军已经退了。庞涓察看一下齐军扎过营的地方，发现齐军的营盘占了很大的地方。他叫人数了数做饭的炉灶，足够十万人吃饭用的。庞涓吓得说不出话来。第二天，庞涓带领大军赶到齐国军队第二回扎营的地方，数了数炉灶，只有能够供五万人用的了。第三天，他们追到齐国军队第三回扎营的地方，仔细数了数炉灶，只剩了三万人用的了。庞涓这才放了心，笑着说："我早知道齐军都是胆小鬼。十万大军到了魏国，才三天工夫，就逃散了一大半。"他吩咐魏军没日没夜地按着齐国军队走过的路线追上去。

孙膑估计追兵夜晚可以赶到地势险要的马陵，就选定一棵大树，刮去树皮，写上"庞涓死于此树下！"几个大字，并且让一些射手埋伏在大树周围的乱草丛中，约定见到火光时，一齐放箭。果然，庞涓在夜里赶到了马陵。当他派人点着火把辨认树上的字迹时，无数飞箭一起朝火光射来。顿时，魏军大乱。庞涓这时才知中了圈套，走投无路，只好自杀了。

这就是历史上"孙庞斗智"的故事。成语"因势利导"就是由孙膑所说的"善战者因其势而利导之"简化来的。"因"是顺着、按照；"势"是趋势；"导"是引导。整个成语的意思是要顺着事物发展的趋势和规律来很好地加以引导。

56. 游刃有余

梁惠王有一个厨师叫庖丁。有一回，他去看庖丁宰牛，只见他丝毫不费劲地就把牛的骨头和肉分割下来，手起刀落，非常利索。梁惠王感到非常吃惊，便佩服地问庖丁："你的手艺为什么这么高啊？"庖丁笑着回答说："这根本没有什么值得大惊小怪的。我之所以能这样，是因为我非常熟悉牛的骨头和肉的结构，因此才能这样轻而易举。"梁惠王又问："那么，你使的这把刀一定非常锋利吧？"庖丁轻轻挥了挥刀，又笑着回答："一般宰牛人用的刀，一个月就要换一把，因为他们的刀刃经常碰到牛骨。可是我这把刀，已经用了十九个年头，宰杀了几千头牛，但它仍像新刀一样锋利。其实，刀刃非常薄，而肉和骨头中间有一条缝，要比刀刃宽得多，把这样薄薄的刀刃插进去还绰绰有余呢！"

57. 异军突起

秦朝的时候，施行苛政，百姓都怨声载道。等到秦始皇死后，天下大乱，各地纷纷起兵，都想推翻秦朝。当时有个东阳县，县里的年轻人听到各地起兵反秦的消息，都说："现在天下大乱了，干脆咱们把县令杀了，自己成立一支人马，争夺天下，说不定将来我们就成了帝王将相。"于是，这些年轻人就涌到县衙门里，把秦朝派来的县令杀掉了。

县令也杀了，也聚集了一些人，接下来怎么办呢？当时，县衙内聚集了不少人。大家都说："咱们不能群龙无首啊，总得有个首领啊。""对啊，咱们选谁当这个首领啊？"议论纷纷，一时间乱成一团。大伙都认为：这个首领得稳重，而且人品要好。那该是谁呢？他们想起县衙门里原来有个小吏，叫陈婴。陈婴掌管钱粮，负责调解百姓关系，为人清廉，品行很端正。于是，众人就打算拥戴他当首领。

就这样，陈婴被推举出来。可是他毫无思想准备，说："我当首领怎么行呢？我只是一个县中小吏。""说你行你就行，大伙儿举手表决。"一哄而起，这陈婴就成了首领。这个时候县里已经聚集了两万多人，这两万多人头上都裹着青布，所以后来形容这次他们起兵的景象，就叫作"苍头异军特起"。这是什么意思呢？"苍"

就是青色的意思；"异军特起"就是后来的"异军突起"；这就是说一支头裹青布的新生队伍突然兴起了。

陈婴被拥为首领之后，对母亲说："他们让我当首领，您说我能当吗？""你呀，在县里当个官还可以，你要领着这些人去推翻秦朝恐怕不行。我从嫁到你们家那天起就知道，你们家祖上多少代从来就没有当官的。到你这辈子当了小官，就已经算是祖上的阴功。咱家不是贵族世家，你没有那种威信，还是找别人吧。听说项梁也举兵了，跟他的侄子项羽在另一个县，打算来投奔你。他们家可是楚国世代的大将，根基深，名气大。如今你不如反而带着队伍投奔他们去。这样的话，要是能把秦朝推翻了，你能当上个侯。就算推翻不了，要杀头也轮不到你啊。我劝你还是这样为好。"陈婴觉得母亲说得很有道理，于是，他和大家商量说："咱们这支队伍组建起来了，可是让我为当头领，恐怕还是不行。我觉得项梁不错，我们应该去投奔他。"他跟大伙儿一讲其中的道理，大家都同意了。于是，东阳县的义军，便和项梁、项羽的军队汇合到一起，成为秦末大起义中的重要力量。

"异军突起"这条成语，用来比喻与众不同的新派别一下子崛起，独树一帜。

58. 鹬蚌相争渔人得利

战国末年，七大诸侯国互相讨伐，战乱频繁。有一次，一个名叫苏代的说客去拜见赵惠王，劝他别进攻燕国。他先给赵王讲了个故事：一天，天气非常晴朗，蚌便把两片硬壳张开，在河滩上晒太阳。一只鹬鸟见了，就迅速地把嘴伸进蚌壳里去啄肉。蚌赶紧合上硬壳，钳住鹬鸟的嘴不放。鹬鸟啄肉不成，嘴反被钳住，便威胁蚌说："行！你就别松开壳，等着瞧！今天不下雨，明天也不下雨，把你干死！"蚌毫不示弱地回敬道："好啊！我已经钳住你的嘴。你今天拔不出，明天也拔不出，把你饿死。"蚌和鹬鸟就这样在河滩上相持不下，谁也不想退让一步。时间一长，它们都筋疲力尽。这时刚好有个渔翁路过这儿，见它们缠在一起不能动弹，便毫不费力地把它们一起捉住了。讲完故事后，苏代又说："如果赵国去攻伐燕国，燕国竭力抵抗，双方必然会长久相持不下。到时候，强大的秦国便会像渔翁那样坐收其利。请大王三思而后行。"赵惠王觉得苏代的话很有道理，便表示不再去攻伐燕国了。

59. 欲盖弥彰

春秋时期，齐国大夫崔杼掌握着齐国的军政大权。后来他去吊唁齐国棠邑大夫棠公，迷恋上了棠公的妻子棠姜，便不顾众人劝阻，娶其为妻。齐庄公很好色，他明知棠姜已改嫁崔杼，仍和她私通。崔杼知道后，便借口有病不上朝。庄公乘探视崔杼之机私会棠姜。崔杼便设计将他杀了，并立景公为齐国国君，自己当上了丞相。齐国负责撰写国史的人比较正直。他不顾崔杼多次暗示，以一个历史家的角度，据实记述，写道："崔杼杀了他的君主。"这可是十恶不赦之罪，会被天下人所耻笑。崔杼一看，当然恼怒万分，心想你不笔下留情，我也不给你活路。于是，就杀了那个史官。谁知继任的史官同样秉笔直书。崔杼又想，既然杀一个不能堵住你们的嘴，又何妨再杀一个，就不信你们不怕。他把这个史官也杀了。可是第三任史官仍坚持原则，崔杼也知道杀人解决不了问题，只好就此作罢。后代阅读历史的人看到这一节时，都说，崔杼想掩盖自己的丑事，结果却适得其反，这真是欲盖弥彰。

60. 约法三章

公元前 206 年，刘邦率领大军攻入关中，到达离秦都咸阳只有几十里路的霸上。子婴在仅当了四十六天的秦王后，向刘邦投降。刘邦进咸阳后，本想住在豪华的王宫里，但他的心腹樊哙和张良告诫他别这样做，免得失掉人心。刘邦接受他们的意见，下令封闭王宫，并留下少数士兵保护王宫和藏有大量财宝的库房，随即还军霸上。为了取得民心，刘邦把关中各县父老、豪杰召集起来，郑重地向他们宣布道："秦朝的严刑苛法，把众位害苦了，应该全部废除。现在我和众位约定，不论是谁，都要遵守三条法律。这三条是：杀人者要处死，伤人者要抵罪，盗窃者也要判罪！"父老、豪杰们都表示拥护约法三章。接着，刘邦又派出大批人员，到各县各乡去宣传约法三章。百姓们听了，都热烈拥护，纷纷取了牛羊酒食来慰劳刘邦的军队。

汉元年（前206）十月，沛公的军队在各路诸侯中最先到达霸上。秦王子婴驾着白车白马，用丝绳系着脖子，封好皇帝的御玺和符节，在栈道旁投降。将领们有的说应该杀掉秦王。沛公说："当初怀王派我攻关中，就是认为我能宽厚容人；再说人家已经投降了，又杀掉人家，这么做不吉利。"于是把秦王交给主管官吏，就向西进入城阳。沛公想留在秦宫中休息，樊哙、张良劝阻，这才下令把秦宫中的贵重宝器财物和库府都封好，然后退回来驻扎在霸上。沛公召来各县的父老和有才德有名望的人，对他们说："父老们苦于秦朝的苛虐法令已经很久了，批评朝政得失的要灭族?，相聚谈话的要处以死刑，我和诸侯们约定，谁首先进入关中就在这里做王，所以我应当当关中王。现在我和父老们约定，法律只有三条：杀人者处死刑，伤人者和抢劫者依法治罪。其余凡是秦朝的法律全部废除。所有官吏和百姓都像往常一样，安居乐业。总之，我到这里来，就是要为父老们除害，不会对你们有任何侵害，请不要害怕！再说，我之所以把军队撤回霸上，是想等着各路诸侯到来，共同制定一个规约。"随即派人和秦朝的官吏一起到各县镇乡村去巡视。向民众讲明情况。秦地的百姓都非常喜悦，争着送来牛羊酒食，慰劳士兵。沛公推让不肯接受，说："仓库里的粮食不少，并不缺乏，不想让大家破费。"人们更加高兴，唯恐沛公不在关中做秦王。

61. 运筹帷幄

故事淝水之战运筹帷幄东晋宰相谢安指挥公元 383 年，中国历史的大舞台上演出了一场以少胜多的著名战争。在这场战争中，东晋八万士卒一举打败了前秦八十多万大军，不仅使国家转危为安，而且留下了"八公山上，草木皆兵"的历史佳话。这就是淝水之战。运筹帷幄，夺取这场胜仗的指挥家便是东晋宰相谢安。带兵的将领则是他侄子谢玄。淝水之战的捷报送到京城时，谢安正在府中与客人下棋。他拿过捷报阅过，便随手放在一边，继续下棋，就好像什么也没有看到一般。他是不紧不慢，可客人早就忍不住了："前方战事怎么样啊？""孩子们已打败了敌人。"他依旧从容安详。这便是他的心胸涵养。然而，下完棋送客人走后，谢安再也抑制不住自己兴奋的心情，返回自己内室的时候，竟忘了迈门槛、把拖鞋底部的木齿都撞断了。西汉初年，天下已定，汉高祖刘邦在洛阳南宫举行盛大的宴会，喝了几轮酒后，他向群臣提出一个问题："我为什么会取得胜利？项羽为什么会失败？"

高起、王陵认为高祖派有才能的人攻占城池与战略要地，给立大功的人加官奉爵，所以能成大事业。而项羽恰恰相反，有人不用，立功不授奖，贤人遭疑惑，所以他才失败。

汉高祖刘邦听了，认为他们说得有道理，但是最重要的取胜原因是能用、善用人。他称赞张良说："夫运筹帷幄之中，决胜千里之外，吾不如子房。"意思是说，张良坐在军帐中运用计谋，就能决定千里之外战斗的胜利。

这说明张良心计多，善用脑，善用兵。后来人们就用"运筹帷幄"表示善于策划用兵，指挥战争。

秦末汉初，刘邦有一个谋士叫张良，他并非体魁雄伟、英气非凡的人物，而是貌若妇人的文弱书生，但是他用兵如神，一个小小的计谋就能让刘邦的军队打胜仗。张良子所以深明韬略、文武兼备，足智多谋，是因为他有一段很传奇的经历。

相传有一天，张良在桥头一个桥头散步，遇到一个穿着粗布短袍的老头，这个老头走到张良的身边时，故意把鞋脱落桥下，然后傲慢地差使张良道："小子，下去给我捡鞋！"张良愕然，但还是强忍心中的不满，违心地替他取了上来。随后，老人又跷起脚来，命张良给他穿上。此时的张良真想挥拳揍他，但因他已久历人间沧桑，饱经漂泊生活的种种磨难，因而强压怒火，膝跪于前，小心翼翼地帮老人穿好鞋。老人非但不谢，反而仰面长笑而去。张良呆视良久，只见那老翁走出里许之地，又返回桥上，对张良赞叹道："孺子可教矣。"并约张良五日后的凌晨再到桥头相会。张良不知何意，但还是恭敬地跪地应诺。

五天后，鸡鸣时分，张良急匆匆地赶到桥上。谁知老人故意提前来到桥上，此刻已等在桥头，见张良来到，忿忿地斥责道："与老人约，为何误时？五日后再来！"说罢离去。结果第二次张良再次晚老人一步。第三次，张良索性半夜就到桥上等候。他经受住了考验，其至诚和隐忍精神感动了老者，于是送给他一本书，说："读此书则可为王者师，十年后天下大乱，你可用此书兴邦立国；十三年后再来见我。"说罢，扬长而去。

张良惊喜异常，天亮时分，捧书一看，乃《太公兵法》。从此，张良日夜研习兵书，俯仰天下大事，终于成为一个深明韬略、文武兼备、足智多谋的"智囊"。后来，他投奔了刘邦，帮助刘邦打了很多很多的胜仗。为汉王朝的建立立下了不可磨灭的功劳。

公元前202年，汉王刘邦正式即了皇帝位，这就是汉高祖。汉高祖建都洛阳，后来迁都到长安。从那时候开始的二百十年，汉朝的都城一直在长安。历史上把这个时期称为"西汉"，也叫"前汉"。

有一次他在皇宫里举行盛大的庆功宴会。在宴会上，他对大臣们提出了一个问题："为什么我能转危为安，建立汉朝？项羽那么强大，为什么反把天下丢掉了呢？"高起、王陵认为高祖派有才能的人攻占城池与战略要地，给立大功的人加官奉爵，所以能成大事业。而项羽恰恰相反，有人不利，立功不授奖，贤人遭疑惑，所以他才失败。

刘邦笑笑说：你仅仅是知道了一个方面，还不知道整个情况啊！接着，他称赞张良说："夫运筹帷幄之中，决胜千里之外，吾不如子房。"意思是说，张良坐在军帐中运用计谋，就能决定千里之外战斗的胜利。这说明张良心计多，善用脑，善用兵。刘邦又说：管理国家，安定人心，提供粮草，我又不如萧何；至于带兵打仗，我更比不上韩信。这三人都是英雄，而我能团结他们，发挥他们的才能，所以我能够取得胜利。项羽仅仅有一个范增，还不能重用，只是依仗自己的勇猛，怎能不失败呢？刘邦这番话，博得了大臣们的颂扬。

刘邦赞扬张良"运筹帷幄之中，决胜千里之外。"后来摘录成为成语"运筹帷幄"。这个成语现在常用来表示善于分析敌我形势，决定正确的战略方针。也引申为筹划、指挥，确定大政方针。它常和"决胜千里"连用。

62. 斩草除根

隐公六年，卫国与陈国联合讨伐郑国。郑庄公战败，向陈桓公求和。陈桓公不同意。他的弟弟劝他："跟善人处好关系，跟邻国友好相处，这是立国根本，你就与他和好了吧！"陈桓公生气地说："宋、卫是大国，我们陈国不是他们的对手，不打还说得过去；可是郑国是个小国，为什么不攻打它呢？"于是陈桓公坚持继续攻伐郑国。两年以后，郑国国力强大了起来，派兵攻打陈国。陈国大败，陈国的邻国都没有前来救助。就此事，百姓纷纷议论，说："陈国自作自受，自讨苦吃，这就是长期做恶事却不知道悔过的结果。古书上说，做恶事很容易，恶事就如同草原上突然燃起的大火，无法扑灭，最后烧到自己的头上。周朝有一位大夫名叫周任，他就讲过这样的一个道理：作为一国的国君，要能做到当机立断，对待恶人、恶事，就像农夫在田间铲草一样，一定要连根挖掉，不让它们有再生长的可能。"

63. 终南捷径

唐代的时候，有位叫司马承祯的人。他在距都城长安不远的终南山住了几十年。他雅号为白云，以示高洁、脱俗。唐玄宗知道后请他为官，被他拒绝了，于是命人给他盖了一个院落，请他在里面抄写校正《老子》这本书。完成这项任务后，司马承祯到长安拜见唐玄宗。在长安，司马承祯遇到了也曾在终南山隐居，但现在为官的卢藏用。卢藏用早年求官不得，故意跑到终南山隐居。他认为隐居在终南山上，可以引起皇上注意，所以很快就达到了做官的目的。两人见面，说了几句闲话。之后，卢藏用抬手指着南面的终南山，开玩笑说："这里面确实有无穷无尽的乐趣啊！"司马承祯实在是不想做官，这与卢藏用有本质上的不同。所以司马承祯讽刺卢藏用说："不错，依我看来，那里何止是有趣，简直就是做官的'捷径'啊！"

64. 逐鹿中原

齐王韩信的谋士蒯通见韩信的力量已经足够强大，就劝韩信背叛刘邦，自带队伍去与刘邦争天下。可韩信不听他的建议。刘邦打败项羽后，由吕后矫诏设计擒住了韩信，说韩信谋反，一心要除掉他。韩信受刑前后悔极了，说："我当初不听蒯通之言才会有今天！"杀了韩信后，刘邦下令抓来蒯通，也要治他的罪。临刑前，刘邦说："你让韩信背叛我，我今天就杀了你，有什么话要说吗？"蒯通一点也不害怕，十分平静地说："狗都知道要忠实于自己的主人，我那时是韩信的手下，当然不会忠实于你。再者，秦朝已近颓势，天下英雄并起，都在追逐秦朝之政权，谁力量大就会得到它。与你争夺天下的人力量不够才会失败，如果你要杀我那就杀吧。"刘邦听后，觉得蒯通很有胆识，十分欣赏他，就把他放了。

65. 醉翁之意不在酒

欧阳修是北宋时期最杰出的文学家之一，留下了许多脍炙人口的诗词佳作，《醉翁亭记》就是欧阳修当滁州太守时写的。滁州州署在今天的安徽省滁县。滁县西南有一座美丽的山，叫琅琊山。山上的泉水非常清甜，叫"酿泉"。泉旁的亭子是一个和尚修的。欧阳修常与友人在此亭饮酒，他年纪大了点，不胜酒力，一喝就醉，自取名"醉翁",所以欧阳修管亭子叫"醉翁亭"。欧阳修饮酒,其实不是为了品味酒菜,而是为了更好地赏景。山水风景是大自然的杰作,借着酒力,眼中的景色会更美妙。欧阳修的乐趣在于醉眼看山、看水、看世界,欣赏这朦胧山水间一种特殊的美感。

66. 指鹿为马

秦朝有一个大奸臣,名叫赵高。他出身卑微,其父因犯重罪,不仅自己被处以宫刑,而且也连累其母罚没为官家奴婢,后来其母与人野合而生下赵高。赵高就是在秦灭亡赵国后,作为阉宦被掳入秦的。由于他身体强壮,又粗通法律,很快得到了秦始皇的信任,被任命为中车府令。

秦始皇死后,担任中车府令的宦官赵高,和秦始皇的小儿子胡亥串通起来,并且威胁丞相李斯,伪造遗诏,由胡亥继位,称为秦二世。赵高作为拥戴秦二世上台的头号功臣,理所当然受到了胡亥的宠信,被任命为中书令,身居列卿之位,成为朝中的实权人物。为了堵住众大臣与诸皇室公子对矫造诏书的怀疑与不满,赵高与胡亥对众人展开了残酷无情的诛杀。

后来,赵高又设计杀死了李斯。李斯死后,赵高官拜中丞相,事无大小都由赵高裁决。虽然赵高当了丞相,把朝中的一切大权都把持在手里,可是他并不满足,还想篡权当皇帝。可朝中大臣有多少人能听他摆布,有多少人反对他,他心中没底。于是,他想了一个办法,准备试一试自己的威信,同时也可以摸清敢于反对他的人。

一天，上朝的时候，赵高牵来一只鹿，献给了秦二世。他当着大臣们的面，用手指着鹿故意说："这真是一匹好马呀！我特意把它献给陛下。"秦二世一看，心想：这哪里是马，这分明是一只鹿嘛！便笑着对赵高说："丞相搞错了，这里一只鹿，你怎么说是马呢？""这的确是一匹好马，陛下不信吗。请陛下看清楚，这的确是一匹千里马。"秦二世又看了看那只鹿，将信将疑地说："马的头上怎么会长角呢？"赵高一转身，用手指着众大臣，大声说："陛下，这是马不是鹿，不信可问问大臣们，它究竟是马还是鹿？"

大臣们都被赵高的一派胡言搞得不知所措，私下里嘀咕：这个赵高搞什么名堂？是鹿是马这不是明摆着吗！大臣们都知道赵高为人阴险狠毒，许多人畏惧他的权势，明明知道赵高说的"马"是一只鹿，但是为了拍赵高的马屁，就顺着赵高说："是呀，这的确是匹宝马啊！"

一些胆小又有正义感的人都低下头，不敢说话，因为说假话，对不起自己的良心，说真话又怕日后被赵高所害。

有些正直的人，坚持认为是说鹿而不是马。还有一些平时就紧跟赵高的奸佞之人立刻表示拥护赵高的说法，对皇上说，"这确是一匹千里马！"

事后，赵高暗中对不承认是马的大臣加以迫害，将他们投入监狱。此后，大臣们对他更畏惧了。

后来，就连秦二世对长期专权的赵高也产生了不满。坏事做尽的赵高害怕二世追究他的过失，决定先下手为强，利用自己掌握的宫内外大权派亲信强迫秦二世自杀，然后操纵政局，欲立秦二世之子公子婴为秦王。

秦王婴认识到赵高的险恶用意，经过周密的策划，在赵高督促其到宗庙受玺的时候，令早已埋伏好的手下人挥剑杀死了赵高，结束了赵高罪恶滔天的一生。

成语"指鹿为马"就是从这个历史故事来的。人们常常用它来比喻那些故意颠倒黑白，混淆是非的行为。

解读

中华成语 大智慧 下

韩宇◎编著

中国出版集团

现代出版社

图书在版编目（CIP）数据

解读中华成语大智慧（下）／韩宇编著. —北京：现代
出版社，2014.1
ISBN 978-7-5143-2153-1

Ⅰ. ①解… Ⅱ. ①韩… Ⅲ. ①汉语－成语－故事－青年读物
②汉语－成语－故事－少年读物 Ⅳ. ①H136.3-49

中国版本图书馆 CIP 数据核字（2014）第 008540 号

作　　者	韩　宇
责任编辑	王敬一
出版发行	现代出版社
通讯地址	北京市安定门外安华里 504 号
邮政编码	100011
电　　话	010－64267325 64245264（传真）
网　　址	www.1980xd.com
电子邮箱	xiandai@cnpitc.com.cn
印　　刷	唐山富达印务有限公司
开　　本	710mm×1000mm　1/16
印　　张	16
版　　次	2014 年 1 月第 1 版　2023 年 5 月第 3 次印刷
书　　号	ISBN 978-7-5143-2153-1
定　　价	76.00 元（上下册）

目 录

第三章 品格意志篇

第四章　好学求知篇

第五章　幽默诙谐篇

第六章 生活启示篇

第三章　品格意志篇

1．百折不挠

　　乔玄是东汉时期一位性情刚毅、嫉恶如仇的人。汉灵帝时，乔玄担任尚书令。那时太中大夫盖升仗着自己与灵帝有私交，大肆收受贿赂、搜刮民财。乔玄于是上奏汉灵帝，要求免去盖升之职，并抄没他的家产。然而，灵帝非但没有查办盖升，反而升了盖升的职。乔玄非常气愤，便以生病为由，辞职回了老家。乔玄在京城任职的时候，有一天，他十岁的小儿子在家门口玩耍，三个强盗劫持了孩子，并想以此勒索乔玄的财物。消息传出后，校尉阳球同河南府尹、洛阳县令马上率兵将乔玄的家包围起来，但却不敢进攻，担心把强盗逼急了会伤害孩子。乔玄大声喝道："强盗如此猖狂，难道要为了我的孩子而纵容他们的罪行吗？"并催促阳球等人进攻。结果，强盗全部被捕获，但他的小儿子却因此死去。他的这种刚毅果敢、勇往直前的精神为人们所称道。故东汉蔡邕为他写下了《太尉乔玄碑》，赞扬他"百折不挠"的英雄气概。

2. 不为五斗米折腰

陶渊明，一名潜，字元亮，东晋时期著名田园诗人，创作了许多以田园自然风光和乡村生活为背景的诗篇。他为人性情高雅，淡泊名利，不贪慕荣华富贵，生活十分清苦。公元405年秋天，陶渊明来到家乡附近的彭泽县当县令。这年冬天，郡太守派督邮到彭泽县督察民情。这位督邮是一个粗俗傲慢的势利小人，一到彭泽县便命县令前去见他，想借此显示一下自己的威风。但县令陶渊明素来不畏权势，秉性清高，绝对不是那种趋炎附势、奴颜婢膝的人。他很看不起这种假借上司名义发号施令、作威作福的小人，但又不得不去见一见。正当陶渊明准备动身出发时，县吏却拦住他说："大人，拜见督邮须穿官服，并束上腰带，否则有失体统，督邮会趁机大作文章，恐怕会不利于大人。"陶渊明一听十分气愤，无奈地叹道："我怎能为五斗米向乡里小人折腰！"说罢，索性拿出官印，又写了一封辞职信，随即离开彭泽县回家了。他只当了八十多天的县令。因为当时县令的俸禄是五斗米，所以陶渊明说不愿为五斗米折腰。

3. 不远千里

春秋时期，著名思想家、政治家孟子来到魏国。梁惠王接见了孟子。他对孟子说："先生，您不以千里为远来到我国，一定是想要给我国带来利益吧？"孟子回答说："大王您为什么要这么说呢？

如果君主开口就说怎样对我的国家有利，大夫开口就说怎样对我的封地有利，老百姓一开口就说怎样对我自身有利，这样人人都追逐一己的私利，那就十分危险了。"孟子又接着说道："在一个能出动一万辆兵车的国家，杀害他们国君的一定是能出动一千辆兵车的大夫；在能出动一千辆兵车的国家，谋杀国君的一定是能出动一百辆兵车的大夫。大国的大夫能从国家的万辆兵车中获得一千辆，小国的大夫能从国家的千辆兵车中获得一百辆。这些大夫们的财产十分富足，但他们却似乎永远也不会满足，所以请您不要再宣扬私利。"梁惠王听了，深受触动，急忙向孟子征询解决的办法。孟子回答说："讲究仁义的人绝不会不尊重他的君主，所以，大王您只要讲究仁义就足够了。"

4. 不拘一格

清代的龚自珍是我国著名的思想家和文学家。他从小勤奋好学，尤其擅长写诗，二十岁时就成为当时著名的诗人。他的诗富于想像力，语言浪漫瑰丽，充满爱国热情。龚自珍先后在二十七岁和二十八岁时中了举人和进士，在清政府为官二十余年。他嫉恶如仇，不满官场的腐败和黑暗，四十八岁时毅然辞官回家。回家途中，龚自珍路过镇江。当地正在祭神，街上人来人往，熙熙攘攘，人们抬着各位天神进行祭拜。一个道士听说当朝著名文豪龚自珍也在这儿，便上前请龚自珍写篇祭文来祭祀天神。龚自珍欣然应允，挥笔写下了"九州生气恃风雷，万马齐喑究可哀。我劝天公重抖擞，不拘一格降人才"这首诗。诗的意思是：中国应当充满生气，实行疾风迅雷般的社会变革。现在世人都缄口不言，这实在是可悲啊！我奉劝天公抖擞精神，重新振作起来，不局限于常规，使有用的人才涌现出来。

5. 乘风破浪

南北朝时期，宋国著名将领宗悫，从小便有雄心壮志，喜读兵书战策，舞枪弄剑练就了一身好武艺。他哥哥结婚那天，家里高朋满座，热闹万分。谁料十几个盗贼冒充客人，乘机混了进来。正当人们在前厅高高兴兴地喝酒时，这伙盗贼却已潜入宗家的库房进行抢劫。有个仆人去库房拿东西，发现了他们，惊叫着跑进客厅。在场的人都吓呆了。只见宗悫站了起来，拔出佩剑，向库房直奔而去。盗贼见到他，便挥舞着刀剑吓唬他，不让他接近。宗悫根本就不害怕，举剑直刺盗贼。在家人的呐喊助威下，他将盗贼打得落荒而逃。客人们纷纷赞扬宗悫机智勇敢，年少有为。他的叔父问他长大后想干什么，他昂起头，大声说："愿乘长风，破万里浪"，表示要干一番伟大的事业。几年以后，宗悫被任命为振武将军，为国家打了不少胜仗，频频立下战功，后来被封为洮阳侯，终于实现了少年时的志向。而成语"乘风破浪"亦被后人传记至今。

6. 出类拔萃

孟子是孔子的孙子子思的学生。他是我国战国时期伟大的思想家、教育家，是孔子儒家学说的继承人。在他的心目中，孔子是他崇拜的偶像，是个超人的天才，是位圣人。有一天，孟子的学生公孙丑问他："老师，您已经是一位圣人了吗？"孟子回答："连孔子都不敢称自己为圣人，我又算得了什么呢？"公孙丑便列举了几个以贤德著称的人，问孟子这些人是否与孔子相同。孟子这样答道："自有人类以来，无人能及孔子。"公孙丑接着又问："那么，这些人和孔子有什么不同呢？"孟子便借用了孔子的学生有若的一句话回答说："麒麟和走兽，凤凰和飞鸟，泰山和小土堆，河海和小水洼，它们都是同类，但前者又都远远地超越了它的同类。圣人和老百姓都是人，但圣人却远远地超出后者。自有人类以来，没有人比孔子更伟大了。"后来，人们就常常用"出类拔萃"来形容品质和才能特别优秀的人。

7. 初生之犊不怕虎

东汉末年，刘备从曹操手中夺取了汉中，并在此称王，下令关羽北取襄阳，进兵樊城。关羽部将廖化、关平率军攻打襄阳，曹操部将曹仁领兵抵抗，结果大败，退守樊城。曹操派大将于禁为征南将军，以勇将庞德为先锋，领兵前往樊城救援。庞德率领先锋部队来到樊城，让兵士们抬着一口棺材，走在队伍的前面，表示誓与关羽决一死战。庞德耀武扬威，指名要关羽与他决战。关羽出战，两人大战百余回合，不分胜负，两军各自鸣金收兵。关羽回到营寨，对关平说："庞德的刀法非常娴熟，真不愧为曹营勇将啊。"关平说："俗话说：'刚生下来的小牛犊连老虎都不害怕。'对他不能轻视啊！"关羽觉得靠武力一时难以战胜庞德，于是想出一条计谋。当时正值秋雨连绵，汉水猛涨，魏军营寨却扎在低洼之处，关羽掘开汉水大堤，水淹于禁七军，俘虏了于禁、庞德。于禁投降，而庞德却立而不跪，不肯屈服。关羽劝他投降，庞德反而出口大骂。于是，关羽下令杀了庞德。

8. 东山再起

公元383年八月，苻坚亲自带领八十七万大军从长安出发。向南的大路上，烟尘滚滚，步兵、骑兵，再加上车辆、马匹、辎重，队伍浩浩荡荡，差不多拉了千把里长。过了一个月，苻坚主力到达项城，益州的水军也沿江顺流东下，黄河北边来的人马也到了彭城，从东到西一万多里长的战线上，前秦水陆两路进军，向江南逼近。这个消息传到建康，晋孝武帝和京城的文武官员都着了慌。晋朝军民都不愿让江南陷落在前秦手里，大家都盼望宰相谢安拿主意。

谢阁老心里有数：跟苻坚硬拼，如鸡蛋碰石头。只有用计，才能以少胜多。他好容易调了八万人马到前线，跟苻坚的百万大军对阵。谢阁老虽心里有谱，也止不住发虚。不过谢阁老表现镇静，上上下下也就吃了定心丸，没得一个乱套。两边人马在淝水开战了，谢阁老稳坐东山跟人下棋。后首，淝水的敌人果真中计，被东晋八万人马打得七零八落，大败而逃。淝水一仗，救了东晋，谢阁老被封为三公之上。

谢安祖籍陈郡阳夏，后迁居会稽，出身世家大族，年轻的时候，跟同为士族的王羲之是好朋友，经常在会稽东山游览山水，吟诗作文。他在当时的士族阶层中名望很大，大家都认为他是个挺有才干的人。但是他宁愿隐居在东山，不愿做官。有人推举他做官，他上任一个多月，就不想干了。当时在门阀士族中间流传着一句话："谢安不出来做官，叫百姓怎么办？"到了四十多岁的时候，他才重新出来做官。因为谢安长期隐居在东山，所以后来把他重新出来做官这样的事称为"东山再起"。

9. 肝脑涂地

汉高祖五年，刘邦身经百战，建立西汉王朝。为了大展宏图，开创基业，他决定在洛阳建都，以继承周氏的礼乐大业。这时，一位叫娄敬的人前来投奔刘邦。他一见到刘邦，就毫不掩饰地说："你想在洛阳建都，是不是想和周朝一比盛况呢？"刘邦点了点头，说："我正是这样想，建立一个同往昔的周朝一样强盛的国家。""陛下，你错了！"娄敬直言不讳地说，"你怎么能和周朝相比呢？周朝以德行治理天下，而你是从丰沛起兵，发动的战争大的有七十场，小的也不下四十场。天下百姓的肝脑涂染了土地，荒郊野外到处都是男人们的尸骨，数目多得数也数不过来。生者的哭声还没有停止，受伤的人还没有养好伤，你又怎能与周朝相比呢！在洛阳建都，我认为不合适，还是把国都建在秦地的长安比较好。那里环山傍水，易守难攻，可以容纳百万之众，直可谓是'天府'之地。"刘邦听了娄敬的话，并没有生气，又问军师张良，张良也赞同娄敬的意见。刘邦很是高兴，于是封娄敬为郎中，号称奉春君，并赐姓"刘"，娄敬从此变成刘敬。

10. 高屋建瓴

刘邦当上皇帝的第二年，有人向他报告楚王韩信暗地里正准备造反。他马上召集文武近臣商议对策。这时，谋士陈平给刘邦出了个主意，说："陛下假说到云梦泽去巡视，并在陈地会见各个诸侯。陈是楚的西界，韩信得到陛下巡视的消息，一定会去陈地迎接的。当韩信拜见陛下的时候，只要有一位武士就可以把韩信捉住。"刘邦按照陈平的计策，果然轻易就捉住了韩信。刘邦非常高兴，于是在当天颁布了大赦令。大夫田肯乘着道贺的机会，对刘邦说："您捉住了韩信，又在关中建都，这是我们应当庆贺的大事。关中地形险要，易守难攻，胜于他国；土地广阔，有千里之远；兵员众多，占天下百分之二十。由于地势优越，如果派兵去攻打诸侯，真好比是站在高屋顶上往下倾倒瓶里的水，由上而下，势不可当。"刘邦听罢，心中大悦，随即赏赐了田肯五百斤黄金。

11. 苟延残喘

春秋后期，晋国的大夫赵简子有一次在中山狩猎，突然发现一只狼从林中窜出，便猛射一箭。狼中箭后带箭拼命奔逃，赵简子驱车追赶。这时，有一个叫东郭先生的人正在往北走。他赶着一头驴，驴驮着一袋书。他走着走着，正好迎面碰到了那只正在逃命的狼。这只狼见了东郭先生，就说："先生不是专门济困扶危吗？从前毛宝曾买一只乌龟放生，后来他在战争中逃命，乌龟载他过江；

一个叫隋侯的，救活了一条蛇，后来蛇就衔来名贵的珠子报答。您让我躲在书袋里，勉强维持这一线生命吧。您今天能救我一命，我日后一定会像龟蛇那样报答您！"东郭先生在狼的苦苦哀求下，只好把狼藏在书袋里，把书盖在上面。当赵简子追上来时，向东郭先生打听狼的下落，东郭先生说不知道。骗走了赵简子一行后，东郭先生把狼放了出来。而此时狼说自己饿了，要吃掉东郭先生。正在这时，一个农夫恰巧路过。农夫问明原因后，把狼骗回东郭先生装书的口袋，抢起锄头，几下就把它打死了。

12. 鸿鹄之志

秦朝末年，统治者残暴无道，对百姓百般搜刮和欺压。农民不仅要交纳大量的赋税，还要建造宫殿、皇陵，修筑长城。而且秦朝的法律也很严酷，一个人犯了死罪，要株连到很多亲朋好友一块儿被处死。百姓生活在水深火热之中。当时，有一位出身贫贱的雇工名叫陈胜（即陈涉）。他看到秦朝的苛政让百姓吃了不少苦头，便决心改变这种局面。一天，陈胜和其他的雇工一起在地里劳动。吃饭的时候，他们谈起了目前过的苦日子，心中愤恨无比，但又毫无办法。陈胜对大家说："假如今后谁能够享受荣华富贵，一定不要忘记别人！"雇工们笑着说："我们都是受人雇用的农民，哪里来的富贵？"陈胜又说："燕子和麻雀又怎么会知道鸿鹄的志向？"意思是说：目光短浅的人，怎么知道志向远大之人的抱负呢？后来，陈胜在大泽乡领导农民起义，成为中国历史上第一次农民大起义的领袖。

13. 巾帼英雄

三国时，蜀国丞相诸葛亮率军出祁山，攻打魏国。魏军统领司马懿与诸葛亮对峙于渭南。由于诸葛亮远道而来，利于急战，司马懿采取了相持战术。蜀军多次挑战，屡次辱骂，司马懿都不肯出战。诸葛亮深知，这样相持下去，对蜀军是极为不利的，而发动强攻，北魏军深沟高垒，很难取胜，可是又怎能甘心退兵？于是诸葛亮想出了一个很巧妙的办法：派人大张旗鼓地前往魏营给司马懿送了一份"厚礼"：一大堆妇女用的头巾和发饰（钗、环、及脂粉等），还写了一封信，说司马懿太胆小了，一个大英雄，掌握那么多兵将，竟然不敢前来应战。如果他领兵出战，就是男子汉、大英雄；如果不敢出战，干脆就用妇女的头巾包上头，再用脂粉化妆，证明他这个所谓的英雄只是个一般妇女！司马懿非常生气，却依然没有中计。所以后世说司马懿不怕被人称为巾帼，不失其英雄本色。

14. 精卫填海

夏朝以前，国家还没有形成，那时候的帝王，远不如后来帝王那么阔气，享有许多特权；而是纯粹的人民公仆，只有尽义务的份儿。帝王的子女也没有什么太子，公主之类的特殊称呼，身份也尊贵不起来，和老百姓的子女一样。

传说，炎帝有个女儿叫女娃，女娃聪明伶俐，活泼可爱，美丽非凡，炎帝十分喜欢她。一天，她走出小村，找小朋友玩耍，看到一个大孩子把小孩子当马骑。小孩都累爬下了，大孩子还不肯罢休。女娃走过去，指着大孩子的脑门怒斥道："你这个人太坏了，欺负小孩子算什么本事，有力气，去打虎打熊，人们会说你是英雄。"

大孩子见女娃是个小姑娘，生得单薄文弱，根本不把她放在眼里。他从小孩背上跳下来，走到女娃面前说："我是海龙王的儿子，你是什么人？竟敢来管我！"

女娃说："龙王的儿子有什么了不起，我还是炎帝的女儿呢，以后你少到陆地上撒野，小心我把你挂到树上晒干。"

龙王的儿子说："我先让你知道知道我的厉害，往后少管少爷的闲事。"说着动手就打。女娃从小跟着父亲上山打猎，手脚十分灵活，力气也不小，见对方蛮横无礼，并不示弱，闪身躲开对方的拳头，飞起一腿，将龙王的儿子踢个嘴啃泥。

龙王的儿子站起来，不肯服输，挥拳又打，被女娃当胸一拳，打个仰面朝天。

龙王的儿子见打不过女娃，只好灰溜溜地返回大海。

过些天，女娃到海中游泳，正玩得十分开心，刚巧让龙王的儿子发现了。他游过来，对女娃说：那天在陆地上让你捡了便宜，今天你跑到我家门前，赶快认个错，不然我兴风作浪淹死你。

女娃倔强地说："我没错，认什么错？"

龙王的儿子见女娃倔强，根本没有服输的意思，立即搅动海水，掀起狂风恶浪，女娃来不及挣扎，就被淹死了，永远不回来了。

炎帝固然挂念他的女儿。但都不能用他的光和热来使她死而复生，只好独自悲伤。

女娃不甘心她的死，她的魂灵变化做了一只小鸟，名叫"精卫"。精卫长着花脑袋、白嘴壳、红脚爪，大小有点像乌鸦，住在北方的发鸠山。她被悲恨无情的海涛毁灭了自己，又想到别人也可能会被夺走年轻的生命，因此不断地从西山衔来一条条小树枝、一颗颗小石头，丢进海里，想要把大海填平。她无休止地往来飞翔与西山和东海之间。

可是那咆哮的大海嘲笑她道："小鸟儿，算了吧，就算你干上百万年，也别想将我填平！"

但是翱翔在高空的精卫坚决地回答说："就算干上一千万年、一万万年，干到世界末日，我也要将你填平！"

"你为什么恨我这样深呢？"

"因为你呀——夺取了我年轻的生命，将来还会有许多年轻无辜的生命要被你无情地夺去。"

"傻鸟儿，那么你就干吧——干吧！"大海哈哈地大笑了。

精卫在高空悲啸着："我要干的！我要干的！我要永无休止地干下去的！这叫人悲恨的大海啊，总有一天我会把你填成平地！"

她飞翔着，啸叫着，离开大海，又飞回西山去；把西山上的石子和树枝衔来投进大海。她就这样往复飞翔，从不休息，直到今天她还在做着这种工作。

精卫锲而不舍的精神，善良的愿望，宏伟的志向，受到人们的尊敬。晋代诗人陶渊明在诗中写道："精卫衔微木，将以填沧海"，热烈赞扬精卫小鸟敢于向大海抗争的悲壮战斗精神。后世人们也常常以"精卫填海"比喻志士仁人所从事的艰巨卓绝的事业。

15. 嗟来之食

春秋时期，有一年齐国发生了严重的饥荒，庄稼颗粒无收，有许多人到外面去逃荒要饭。有个叫黔敖的财主，家里囤积了许多粮食。他为了得到一个好名声，就熬了些稀粥，施舍给那些路过的饥民。饥民们一个个都饿得受不了了，见黔敖施舍稀粥，都对他千恩万谢。黔敖心中也很得意，觉得自己简直就是这些人的救命恩人。这时，又有一个饿汉走了过来，一看就知道，肯定是好几天没有吃过东西了。黔敖就用勺子敲着锅沿，对那个人叫道："喂！过来吃吧！"语气中充满了居高临下的得意。没想到，那个饿汉对锅里的稀粥看都不看一眼，扬起脸注视着黔敖，说："我就是因为不吃'嗟来之食'，才饿到这般地步的。"尽管后来黔敖向他道歉，但那人仍然坚决不吃，最终饿死于街头。

16. 开天辟地

据说很久很久以前，天地还没有形成，到处是一片混沌。它无边无沿，没有上下左右，也不分东南西北，样子好像一个浑圆的鸡蛋。这浑圆的东西当中，孕育着一个人类的祖先——盘古。

过了一万八千年，盘古在这浑圆的东西中孕育成熟了。他发现眼前漆黑一团，非常生气，就用自己制造的斧子劈开了这混混沌沌的圆东西。随着一声巨响，圆东西里的混沌，轻而清的阳气上升，变成了高高的蓝天，重而浊的阴气下沉，变成了广阔的大地。从此，宇宙间就有了天地之分。

盘古出世后，头顶蓝天，脚踏大地，挺立在天地之间。以后，天每日增高一丈，地每日增厚一丈，盘古也每日长高一丈。这样又经过一万八千年，天高得不能再高，地深得不能再深，盘古自己也变成了九万里长的顶天立地的巨人，像一根柱子一样撑着天和地，使它们不再变成过去的混沌状态。

盘古开天辟地后，天地间只有他一个人。因为天地是他开辟出来的，所以他的情绪有什么变化，天地也跟着发生不同的变化。他高兴的时候，天空晴朗；他发怒的时候，天空阴沉；他哭泣的时候，天空下雨，落到地上汇成江河湖海；他叹气的时候，大地上刮起狂风，他眨眨眼睛，天空出现闪电；他发出鼾声，空中响起隆隆的雷鸣声。

不知经过多少年，盘古还是死了，躺倒在地上。他的头部隆起，成为东岳泰山；他的脚朝天，成为西岳华山；他的肚子高挺，成为中岳嵩山；他的两个肩胛，一个成为南岳衡山，另一个成为北岳恒山。至于他的头发和汗毛，全变成了树木和花草。后来，才有了传说中的远古帝王——三皇，即天皇、地皇和人皇。

17. 老当益壮

东汉名将马援，自幼立志到边疆去发展畜牧业。他长大以后，当了扶风郡的督邮。有一次，他受郡太守的差遣，送犯人去长安。在押解途中，犯人的凄惨状使他动了恻隐之心。他放走了犯人，免去了他的刑罚之苦，自己却不得不丢了官，逃亡到北朝郡躲起来。这时恰好遇上大赦，以前的事不再追究，于是他安心地搞起畜牧业和农业生产来。不到几年功夫，马援成了一个大畜牧主，拥有大片土地，牛羊几千头，粮食几万石。但是，富裕生活并不是他追求的目标。他所考虑的并不是个人的需要和享受，而是把自己辛苦积攒的财产、牛羊都分送给他的兄弟、朋友。他说："一个人做守财奴太没有意思了。"他要做有意义的事，做有价值的人。他常对朋友说："做个大丈夫，要'穷当益坚，老当益壮'。"意思是说，越穷困，志向越要坚定；越年老，志气越要壮盛。后来，马援转而从军，为光武帝立下了赫赫战功，成为历史上有名的军事将领。

18. 励精图治

公元前 68 年，汉朝名将霍光因病去世。御史大夫魏相认为霍氏家族独揽朝政大权，胡作非为，建议宣帝采取措施抑制霍氏家族权力的扩大。霍氏一家对魏相感到既痛恨又畏惧，于是准备假传太后的命令将魏相杀死，然后将宣帝废黜。宣帝获悉霍氏一家的阴谋后，先发制人，抢先采取行动，杀掉了霍光一家，并株连九族。在惩治了霍家之后，皇帝开始亲自处理朝政大事，振奋精神，力求把国家治理好。他直接听取诸位大臣的意见，严格考查各级官员的政绩；还把盐价降低了，提倡节俭清廉，鼓励发展农业生产。而魏相则率领百官恪尽职守，让宣帝十分满意。在魏相的辅佐下，宣帝采取了一系列恢复和发展生产、减轻人民负担的措施，终于使国家逐步兴旺繁荣起来，出现了汉室中兴的局面。

19. 戮力同心

夏朝最后一位君主桀是一位暴君。他荒淫无道，凶狠残暴，使得民不聊生，百姓怨声载道。商是一个诸侯小国，位于夏朝的东面。商的国君汤是一位贤明的君主，他联络各地诸侯，积极积蓄力量，并遍访贤士准备推翻夏桀的统治。一天，有人报告商汤说，贤士伊尹正在莘国的郊外隐居。商汤听了，如获至宝，立刻派使者带上重金厚礼去请伊尹前来。商汤派使臣去了两次，但伊尹都没有答应，于是商汤便亲自去请。他的一片诚意感动了伊尹，伊尹最终决定辅佐商汤推翻夏朝统治。在伊尹的辅佐下，商的国力日益强盛，灭夏的时机已经成熟，于是商汤决定兴师伐夏。在大军出发之前，商汤在军中发布了誓师文告。文告写道："夏朝君主桀罪恶滔天，老天也决意要消灭他。上天让贤士伊尹来辅佐我，要我同他齐心合力，治理天下。你们要奋勇战斗，帮我完成上天交予的任务。"两军交战后，商军英勇善战，而夏军却士气全无，终于被打得溃不成军，四下逃散。由于商汤和伊尹君臣同心合力，终于推翻了夏桀的残暴统治。

20. 马革裹尸

东汉时，北方匈奴经常侵犯边境，他们入境后烧杀抢掠，无恶不作。自西汉以来，一直是朝廷最头疼的边患。朝中有一位著名大将，名叫马援。他曾经跟随光武帝刘秀南征北战，立下了赫赫战功。东汉王朝刚建立政权不久，边境便发生动乱。马援率领将士奔赴战场，身先士卒，大破敌军，平定了叛乱。从此，他的名声威震天下，皇帝封他为伏波将军。后来，他六十二岁时，匈奴又来侵犯边境，满朝文武议论纷纷。马援听说边境又有战事发生，便上朝请战，要求领兵讨伐匈奴。皇帝担心他年纪太大，万一在战场上有个闪失，于心不忍，于是，不愿答应让他出征。可是，马援不肯让步。他向皇帝请命道："谁说臣老了？臣的筋骨硬朗着呢！臣常说，男子汉应当为国战死在战场上，用马皮包着尸体回来埋葬。今日有此机会，又怎能退缩呢？"皇帝被他的精神所感动，只好命他为帅，率兵奔赴战场。后来，他不幸在军中病故。他死后，人们还是念念不忘他的那句"男儿当死于边野，以马革裹尸还葬"的豪言壮语。

21. 磨杵成针

　　唐代大诗人李白小的时候很聪明，到十岁时就读了很多诗书，但他也非常贪玩，不能全神贯注地读书，常常放下书本出去玩。有一天，李白读了一会儿书，又溜到外面闲逛起来。在一条小河边，他遇见一位老婆婆正在不停地磨一根铁棒。李白很纳闷，便问道："老婆婆，您为什么磨这铁棒呀？"老婆婆抬头看了他一眼，说："孩子，我要把它磨成绣花针！"李白听了很吃惊，问道："啊，这铁棒这么粗，您要把它磨成绣花针，什么时候才能磨好呀？"老婆婆笑了笑，继续耐心地对他说："我这样不停地磨下去，这铁棒就会越来越细。这铁棒已经比以前细了不少，总有一天我会把它磨成针的。"李白听了很受启发，决心好好读书，最后终于成为一位大诗人。

22. 宁为玉碎不为瓦全

公元 550 年，北朝东魏的丞相高洋逼迫孝静帝退位，自己当上了皇帝，建立了北齐。高洋心狠手辣，为了不留后患，在公元 551 年又把孝静帝和他的三个儿子都杀死了。可是做了坏事后，他心里很害怕。一天，天空出现了日食，他担心这是个不祥的兆头。于是，他就问自己的亲信，西汉末年王莽篡夺了刘家的天下而光武帝刘秀又能夺回天下的原因是什么。这位亲信说不清楚，就随意应付说是因为王莽没有斩草除根，没有把刘氏宗室的人杀干净。高洋信以为真，于是把东魏的宗室近亲全部杀掉，连小孩也不放过。高洋的残忍行为使东魏宗室的远房宗族感到很害怕，担心他们自己什么时候也会被杀掉，于是聚在一起商量对策。有的人主张改姓高，不再姓元。出主意的这个人是一个县令，叫元景安。他的堂兄元景皓断然拒绝了这种建议。他说，采用改姓的方法无论如何是不能接受的。他认为大丈夫宁愿作为玉器被打碎，也不能作为瓦片而保全下来。他宁愿高贵地死去，也不愿屈辱地活着。后来，元景皓因元景安的告密而被处死。但高洋也于三个月后病死。十八年后，北齐宣告灭亡。

23. 怒发冲冠

赵惠文王得到一块稀世的璧玉。这块璧是春秋时楚人卞和发现的，所以称为"和氏璧"。不料，这件事被秦昭王知道了，便企图仗势把"和氏璧"据为己有。于是他假意写信给赵王，表示愿用十五座城来换这块璧。

赵王怕秦王有诈，不想把和氏璧送去，但又怕他派兵来犯。同大臣们商量了半天，也没有个结果。再说，也找不到一个能随机应变的使者，到秦国去交涉这件事。正在这时，有人向赵王推荐了蔺相如，说他有勇有谋，可以出使。赵王立即召见，并首先问他是否可以同意秦王要求，用和氏璧交换十五座城池。蔺相如说："秦国强，我们赵国弱，这件事不能不答应。"

"秦王得到了和氏璧，却又不肯把十五座城给我，那怎么办？"

"秦王已经许了愿，如赵国不答应，就理亏了；而赵国如果把璧送给秦王，他却不肯交城，那就是秦王无理。两方面比较一下，宁可答应秦王的要求，让他承担不讲道理的责任。"

就这样，蔺相如带了和氏璧出使秦国。秦王得知他来后，没有按照正式的礼仪在朝廷上接见他，而是非常傲慢地在三个临时居住的宫室里召见蔺相如。他接过璧后，非常高兴，看了又看，又递给左右大臣和姬妾们传看。蔺相如见秦王如此轻蔑无礼，早已非常愤怒，现在又见他只管传看和氏璧，根本没有交付城池的意思，便上前道："这璧上还有点小的毛病，请让我指给大王看。"

蔺相如把璧拿到手后，马上退后几步，靠近柱子站住。他极度愤怒，头发直竖，顶起帽子，激昂地说："赵王和大臣们商量后，都认为秦国贪得无厌，想用空话骗取和氏璧，因而本不打算把璧送给秦国；听了我的意见，斋戒了五天，才派我送来。今天我到这里，大王没有在朝廷上接见我，拿到璧后竟又递给姬妾们传观，当面戏弄我，所以我把璧取了回来。大王如要威逼我，我情愿把自己的头与璧一起在柱子上撞个粉碎！"在这种情况下，秦王只得道歉，并答应斋戒五天后受璧。但蔺相如预料秦王不会交城，私下让人把璧送归赵国。秦王得知后，无可奈何，只好按照礼仪送蔺相如回国。

24. 呕心沥血

唐代著名诗人李贺从小就很聪明，七岁即能诗善文，到十多岁时，在文坛上已经很有名气。为了试一试李贺的才学，当时的大文学家韩愈当场出题，要李贺做一首诗。李贺挥笔立成，而且写出的诗很有文采。韩愈因此对他非常敬佩，认为李贺是一个有真才实学的人。据传，李贺非常注重从生活中获取写作的素材。他每次出去总是骑一匹瘦马，带一个背锦囊的书童，一边走路，一边思考，想到好的诗句，就马上写出来，放入锦囊中。他有的时候收获不少，回到家时，锦囊都被填满了；但有时一句好的诗句也想不出来，回到家时，锦囊瘪瘪的。回去后，他母亲会检查他的锦囊，如果看到儿子写了好多诗句，就会非常心疼地对他说："你这孩子，难道要把心都呕出来，才肯罢休吗？"李贺如此刻苦，使得他身体很差，二十七岁时便去世了，却留下了很多有名的诗句。后人也常用"李贺诗囊"来赞扬文人深入实际的作法。

25. 鹏程万里

春秋时期著名的哲学家庄子在一篇名叫《逍遥游》的文章中讲述了这样一则寓言故事：相传很久很久以前，北海有一条长得身体庞大，长达几千里的大鱼，名字叫"鲲"。后来，它摇身变成了一只大鸟，其背部到底有几千里无人说得清，这就是"鹏"。当大鹏展翅高飞时，两个张开的大翅膀像两朵云彩挂在天上，它借着大海波动时掀起的大风飞向南海。当大鹏飞到南海的时候，两翅拍打在水面上，激起的大浪有三千里高。它借着旋风的力量，能飞到高达九万里的天空……讲完故事后，庄子又用水浅而船大的道理说明了大鹏的翅膀之所以力量巨大，是因为下面的水积蓄深厚；而它之所以能飞上高达九万里的天空，是因为下面有风。它借着风的力量，在没有任何阻挡的广阔天空中展翅飞翔，一直飞到南海。

26. 披荆斩棘

东汉的开国皇帝光武帝刘秀，在举兵时兵马很少，生活条件也非常差，因此一些受不了苦的人纷纷离开了他。但主簿冯异却依旧跟随刘秀左右，从没因为生活条件差而有丝毫动摇。有一次，刘秀率军经过河北饶阳的芜蒌亭时，由于长途行军，又饥寒交迫，士兵们都忍受不了。冯异想办法煮了一锅豆粥给大家喝，为大家消除了饥寒。还有一次，当大军来到南宫县时，遭遇大风雨，被淋得像落汤鸡，直打寒颤。就在这困难时刻，冯异不但设法生起一堆火为大家驱寒，还给大家找来了食物。刘秀对这位困难之时尽力解困的主簿印象非常好。公元25年，冯异又出色地完成了平定关中的任务。此时，有一些小人上书劝刘秀提防冯异。刘秀没有听信他们的谗言。公元30年，在冯异朝见光武帝时，刘秀对众大臣说："他是我起兵时的主簿，曾为我在创业的道路上劈开荆棘，扫除重重障碍，又为我平定了关中，是我大汉王朝的开国功勋啊！"

27. 破釜沉舟

　　秦朝末年，各地人民纷纷举行起义，反抗秦朝的暴虐统治。农民起义军的领袖，最著名的是陈胜、吴广，接着有项羽和刘邦。

　　公元前208年，秦将章邯镇压陈胜、吴广起义之后，又攻破邯郸，反秦武装赵王歇及张耳被迫退守在巨鹿，被秦将王离率二十万人围困。章邯率军二十万屯于巨鹿南数里的棘原，并修筑两侧有土墙的通道直达王离营，以供粮草。赵将陈余率军数万屯于巨鹿北，因兵少不敢去救。

　　楚怀王派宋义为上将军，项羽为次将，带领二十万人马去救赵国。宋义引兵至安阳后，接连四十六天按兵不动。对此项羽十分不满，去跟宋义说："秦军包围了巨鹿，形势这样紧急，咱们赶快渡河过去，跟赵军里外夹击，一定能够打败秦军。"

　　宋义说："我们还是等秦军和赵军决战以后再说。"他又对项羽说："上阵跟敌人交锋，我比不上你；要说坐在帐篷里出个计策，你就比不上我了。"

　　项羽说："现在军营里没有粮食，但是上将军却按兵不动，这样不顾国家，不体谅兵士，哪里像个大将的样子。"

　　第二天，项羽趁朝会的时候，拔出剑来把宋义杀了。他提了宋义的头，对将士说："宋义背叛大王，我奉大王的命令，已经把他处死了。"

　　于是将士们则拥项羽为上将军。项羽杀宋义的事，威震楚国，名闻诸侯。

　　随后，他率所有军队悉数渡黄河前去营救赵国以解巨鹿之围。

楚军全部渡过漳河以后，项羽让士兵们饱饱地吃了一顿饭，每人再带三天干粮，然后传下命令："皆沉船，破釜甑"，把渡河的船凿穿沉入河里，把做饭用的锅砸个粉碎，把附近的房屋放把火统统烧毁。这就叫破釜沉舟。项羽用这办法来表示他有进无退、一定要夺取胜利的决心。

就这样，没有退路的楚军战士以一当十，杀伐声惊天动地。经过九次的激战，楚军最终大破秦军。秦军的几个主将，有的被杀，有的当了俘虏，有的投了降。这一仗不但解了巨鹿之围，而且把秦军打得再也振作不起来，过两年，秦朝就灭亡了。

楚军的骁勇善战大大提高了项羽的声威。以至战胜后，项羽于辕门接见各路诸侯时，各诸侯皆不敢正眼眼看项羽。

后来，"皆沉船，破釜甑"演化为成语"破釜沉舟"，以比喻拼死一战，决心很大。

28. 器宇轩昂

公元 208 年七月，刘备兵败当阳，奔往夏口。十月，曹操自江陵顺江东下。东吴孙权派鲁肃到夏口见刘备商量联合抗曹。刘备依照鲁肃的意见，派诸葛亮到柴桑。诸葛亮到达柴桑后，鲁肃立即去见孙权，告诉他诸葛亮到来的消息。孙权光听说过诸葛亮的大名，却没见过他本人。虽说博望烧屯，火焚新野布置得十分出色，但诸葛亮毕竟只有二十七八岁，这么大的战争，刘备只派他一个人来"联合"抗曹，够分量么？东吴也是谋士如云，能不能比得上他呢？孙权听完了鲁肃的回报，不冷不热地说了一句："叫他先见识见识我们东吴的才俊！"并事先知会了东吴的谋士们在外厅等候。诸葛亮泰然自若地跟着鲁肃进去了，一一做过介绍后，坐了下来。东吴的一班谋士开始仔细打量诸葛亮。张昭（字子布，孙权的首席谋士）等人见诸葛亮丰神秀逸，气概非凡，料到此人必来游说。于是，便展开了一场激烈的舌战。结果，东吴的一班谋士在诸葛亮时而谈笑风生，时而义正辞严的回击下，一一败下阵去。

29. 锲而不舍

荀子，又名荀况，战国末期赵国人，我国古代著名的哲学家和教育家。在哲学思想方面，他认为自然发展有其客观的规律；反对天命，不迷信鬼神，认为人定胜天；还主张因地、因时制宜，充分发挥人的才能，促使万物发展。在教育方面，他写过一篇十分著名的文章——《劝学》，来阐明他的教育思想。《劝学》中记述了他在教育、学习方面的很多理论，对后世影响十分深远。比如，他认为人接受教育，努力学习是非常必要的，这样才能"青出于蓝，而胜于蓝"，使学生超过老师，后人胜过前人。学习知识是一个由少到多、日积月累的过程，高深渊博的学识是一点一滴积累而成的，所谓"不积跬步，无以至千里；不积小流，无以成江海"。在《劝学》中，荀子还用镂刻金石来说明学习一定要持之以恒的道理。他写道：如果镂刻而不能坚持下去，就连朽木也不会被折断；但若坚持一直不停地镂刻，就是金属、石头也会被镂穿。所以人们学习时一定要坚持不懈，只有这样才会取得成功。

30.　前功尽弃

秦昭王为了统一天下，任用大将白起先后打败了韩国和魏国，斩杀韩、魏两军近二十四万人之多。此后几年，秦军又常在韩、魏国土上出现，并深入腹地，占领了许多城池。公元前281年，秦昭王又派白起攻打魏国都城大梁（今河南开封）。有个名叫苏厉的人得知这一消息后，对周赧王说："如果大梁被秦国占领，周朝可就危险了！"赧王听苏厉这么说，忙问他该怎么办。苏厉告诉赧王只要能劝说白起不发兵，就可以了。他献计说："只要派人去对白起说：您已大破韩、魏之师，杀了魏国的大将师武，又在北方夺取了不少土地，立下了赫赫战功。现在您又要经过韩国去攻打魏国，万一失利，以前的功绩就都白废了。所以您还是称病不出兵的好。"白起听到这样的说法后，果然停止了进攻魏国的军事行动。后来，白起因与秦王、相国范雎的意见不和，被逼自杀。

31.　忍辱负重

三国的时候，吴国有一位名将叫陆逊。他出身江南士族，豁达大度，善于谋略，孙权把他的兄长孙策的女儿许配给他为妻。

公元220年10月，曹丕让他的亲信联名上书，劝汉献帝让位给魏王。于是，曹丕罢黜了汉献帝，自己做了皇帝，东汉王朝正式结束。大臣们认为既然汉献帝已经下位，刘备是汉家皇室后代，理应接替皇位。于是，公元221年，刘备在成都即位，就是汉昭烈帝。刘备即位之后，第一件要紧的事就是进攻东吴，报东吴占领荆州，关羽被杀之仇。

公元222年，刘备率军攻吴，陆逊被任命为大都督。刘备心急火燎，出兵没几个月，就攻占了东吴的五六百里的土地。他从秭归出发，急于向东继续进军。他要随军官员黄权守住江北，防备魏兵；自己率主力沿着长江南岸，翻山越岭一直进军到了猇亭。

蜀军从巫县到彝陵沿路扎下了几十个大营，又用树木编成栅栏，把大营连成一片，前前后后长达七百里地。刘备以为这样好比布下天罗地网，只等东吴人来攻，就能把他们消灭。但是陆逊一直按兵不动，双方相持了半年。

东吴将士看到蜀军得寸进尺，步步紧逼，都摩拳擦掌，想和蜀军大战一场。可是大都督陆逊却不同意。

当时，东吴的诸将，有的是孙策的旧将，有的过去就是孙坚手下的人，有的则是宫室贵族。这些人不少都是打仗的能手，立过大功。对孙权派年青的书生陆逊当都督，本来已经不大服气。现在听到陆逊不同意他们出战，认为陆逊胆小怕打仗，更不满意，在背地里愤愤不平。

陆逊见众将如此粗鲁，不理解他的战略意图，心里很生气，便手拿孙权授予他的"尚方宝剑"严厉地说："刘备天下知名，刚来的时候，士气旺盛，我们是不能轻易取胜的。我虽然是个书生，但是是奉主上的命令来行事的，你们只有服从。主上之所以委屈诸君派在我这儿，就是因为我有可取的地方，希望你们能够忍辱负重，遵守军令，不得违抗。"

一天，陆逊突然召集将士们，宣布要向蜀军进攻。将士们说："要打刘备，早该动手了。现在让他进来了五六百里地，主要的关口要道，都让他占了。我们打过去，不会有好处。"

陆逊向他们解释说："刘备刚来的时候，士气旺盛，我们是不能轻易取胜的。现在，他们在这儿呆了这多日子，一直占不到便宜，兵士们已经很疲劳了。我们要打胜仗，是时候了。"

当天晚上，陆逊命令将士每人各带一束茅草和火种，预先埋伏在南岸的密林里。到了三更，东吴四员大将率领几万兵士，冲近蜀营，用茅草点起火把，在蜀营的木栅栏边放起火来。那天晚上，风刮得很大，蜀军的营寨都是连在一起的，点着了一个营，附近的营也就一起延烧起来。一下子就攻破了刘备的四十多个大营。

等到刘备发现火起，已经无法抵抗。在蜀兵将士的保护下，刘备总算冲出了火网，逃上了马鞍山。这一战，刘备兵士死伤不计其数。一直战斗到夜里，刘备才带着残兵败将，突围逃走，最后逃到了白帝城。

这一场大战，蜀军几乎全军覆没，船只、器械和军用物资，全部被吴军缴获。历史上把这场战争称作"猇亭之战"，也叫"彝陵之战"。

"忍辱负重"这句成语常用来形容一个人能够忍受屈辱，承担重任。

32. 舍生取义

《孟子·告子上》中有战国时期著名思想家孟子（名轲）的一段论述：鱼，是我喜欢吃的东西；熊掌，也是我所喜爱吃的东西。当二者不能都得到时，我宁愿舍掉鱼，以便获得更为珍贵的熊掌。同样的道理，生命和道义都是我所珍视的，但当它们不能同时保全时，我宁可舍弃宝贵的生命来维护至高无上的道义。悦生恶死乃人之常情，但孟子没有止于这一常情，而是把仁义礼仪看得高于生死，赋予了人的生命以新的价值。孟子的这一思想，千百年来一直为人们所推崇。

33. 水滴石穿

北宋大臣张咏（自号乖崖），曾担任过崇阳县县令。那个时候，社会上存在着一股军卒凌辱将帅、小吏冒犯长官的不良风气。张咏对此非常痛恨，决心找个机会严惩这种行为。一天，他在衙门口附近巡视，忽然看见一个小吏慌慌张张地从府库中溜了出来。张咏喊住这个小吏，发现他鬓角旁的头巾里藏着一枚铜钱。经过追查盘问，小吏搪塞不过，最后只好承认这一枚铜钱是他从府库中偷来的。张咏将小吏带回大堂，下令拷打。小吏不服，怒气冲冲地说："一枚铜钱有什么了不起的，你就这样拷打我！你也只能打我，还能把我怎么样？难道还能把我杀了？"张咏见这小吏竟敢如此顶撞自己，怒不可遏，毫不犹豫地写下判词："一天偷一枚钱，一千天就会偷一千枚钱。日子长了，绳子能锯断木头，水滴也会穿透石头。"判决完毕，张咏把笔一扔，手里拿着宝剑走下堂来，亲自斩了小吏。

34. 天之骄子

匈奴是我国北部古老的游牧民族。匈奴人剽勇强悍，善于征战，先后兼并了中国西部、北部和东北部的许多少数民族，并屡次侵犯汉朝边境地区。汉武帝继承皇位之后，下定决心要除掉这一心腹大患。他先后派韩安国、卫青、霍去病等大将率兵攻打匈奴，多次取得重大胜利。公元前 90 年，武帝派贰师军李广利、御史大夫商丘成、重合侯莽通领兵讨伐匈奴单于狐鹿姑。双方交战后，汉武帝的三支军队损失惨重。匈奴单于派使者送书信给武帝说："南方有大汉，北方有强胡。胡人是上天的宠儿啊！"经过这次较量之后，汉武帝意识到匈奴一时难以消灭，便有了和谈的意思。此后，西汉和匈奴时战时和，这样的情况持续了很多年。

35. 同仇敌忾

春秋时期，军队中流传着一首表现士兵们共同抗敌、保卫祖国英勇气概的歌谣《无衣》。这首歌谣第一节的大意是："谁说没有衣服？我的战袍就是你的。国王要兴兵作战了，快修好刀枪长矛，和我一起对付敌人。"另外还有这样一则典故：公元前 623 年，宁俞受卫国国君之命出使鲁国。鲁国国君设宴招待他。席间，鲁文王命人演奏《湛露》和《彤弓》，这是周天子奖赏诸侯时用的宴乐。宁俞听后，没有对鲁文王说任何答谢的话。文王便命人私下询问宁俞，宁俞说："当年诸侯以周天子对敌人的愤恨为己愤，所以都愿为天子立战功。天子为了赏赐诸侯，便在宴席中命人演奏《湛露》。但现在我们卫国使者来鲁国，鲁文王也命乐工演奏这首乐曲。此时，我只好沉默不语了。""同仇"和"敌忾"分别来自上面的两则典故。这两个词语的意思相同，合在一起组成了成语"同仇敌忾"。

36. 痛定思痛

公元1275年，元朝军队兵临南宋都城临安城下，南宋形势十分危急。右丞相文天祥毅然辞去官职，主动请求以资政殿学士的身份前往元军的军营探察情况。文天祥到了元军营中之后，慷慨激昂地怒斥了元军入侵的罪行。元军统帅伯颜十分钦佩文天祥，想劝他投降，被文天祥拒绝了。于是他又强迫文天祥前往元朝的京城大都。在船行驶到京口时，文天祥乘敌人没有防备，坐上一条小船逃走了。文天祥想向南宋军禀告元军的情况，但驻守扬州的淮东边帅李庭芝以为文天祥已投降元军，下令将他逮捕。文天祥不得已只得绕过扬子江口，几经辗转来到永嘉，最后又乘船去福州。经历了这些事情之后，文天祥在《指南录后序》中感叹道："生与死，像昼夜转换一样平淡无奇。如果死了也就算了，但艰险的困境反复出现，不是世人所能承受得了的。痛苦的心情平定之后，再去回想当时痛苦的情景，更加令人伤感。"

37. 投笔从戎

班超，字仲升，东汉时人。公元62年，他哥哥班固被皇上召到京城洛阳做校书郎（校勘书籍的官），班超随同母亲也来到洛阳。因为家境贫穷，班超经常替官府抄写文件，赚些钱贴补家用。有一天，他把笔一扔，感叹地说："大丈夫即使没有别的志气和谋略，也应该学习西汉时的傅介子、张骞为国立功，怎么能把大好时光总耗费在抄抄写写的差使上呢？公元73年，班超放下笔杆参了军，出征匈奴，立了战功。后来他出使西域，被封为定远侯。汉明帝时，班超又被派遣多次出使西域。他凭借自己的智慧和英勇，克服重重困难，加强了汉朝同西域各国在政治、经济、文化等方面的交流。

38. 玩物丧志

周武王姬发灭商建周后，将东方的土地分封给有功之臣和周王室的子孙，又向各边远地区派出大批使者，以宣扬自己的文治武功，希望他们都归顺于周室。于是许多远方的小国和部族便派使者送来贡物，以示臣服。其中有一个部落送来一只叫做獒的狗。这只狗身上的毛呈黄褐色，身体较大，尾巴较长，四肢比较短，很是凶猛，善于搏斗。它又很有灵性，在武王面前匍匐在地，好像是在行跪拜之礼一样。武王对此很是喜欢，便重赏了前来进献獒的使者，然后就高兴地逗起獒来。召公知道这件事后，作了一篇名叫《旅獒》的奏章，呈给周武王。奏章的大意是：如果沉湎于侮辱和捉弄别人，就会使自己丧失崇高的德行；如果沉湎于所喜爱的事物，就会使自己丧失积极进取的志向。周王朝的建立很不容易，不能让它立刻灭亡啊！读了这篇奏章，周武王很是感动，想起了从前纣王荒淫无度，导致商朝灭亡的惨痛教训，觉得召公的话很有道理，就下令将贡物分别赏赐给各位功臣和各国的诸侯。

39. 威武不屈

　　孟子是战国时期著名的思想家、文学家。他继承了孔子的思想体系，丰富了儒家学说。当时，各诸侯国有强有弱，有大有小，都想称霸天下。有些人提出弱国应该联合起来，共同对抗强大的秦国，即为合纵。连横和合纵其实都是为使自己的国家不被消灭而联合别国的策略。强国与弱国各派出了许多说客，宣扬自己的主张。公孙衍和张仪便是当时专门游说各国服从秦国的说客。因为秦国势力强大，所以弱国看到秦国的使者，都非常害怕。有一个爱好纵横之术的人问孟子："公孙衍和张仪应该称得上是真正的大丈夫吧？"孟子回答说："他们不能算是大丈夫。作为大丈夫，应该懂得礼仪法度，以仁义为本。得志的时候，不脱离百姓；失意的时候，也不随波逐流、阿谀奉承。不能因富贵而迷惑，也不能因贫贱而改变志向，更不能因为受到暴力的威吓而失去了气节。只有做到了这三点，才是真正的大丈夫。"后来，人们把"威武不能屈"的"能"字省去，演变为成语"威武不屈"。

40. 闻鸡起舞

　　晋代的祖逖是个胸怀坦荡、具有远大抱负的人。可他小时候却是个不爱读书的淘气孩子。进入青年时代，他意识到自己知识的贫乏，深感不读书无以报效国家，于是就发奋读起书来。他广泛阅读书籍，认真学习历史，从中汲取了丰富的知识，学问大有长进。他曾几次进出京都洛阳，接触过他的人都说，祖逖是个能辅佐帝王治理国家的人才。祖逖二十四岁的时候，曾有人推荐他去做官，他没有答应，仍然不懈地努力读书。

后来，祖逖和幼时的好友刘琨一志担任司州主簿。他与刘琨感情深厚，不仅常常同床而卧，同被而眠，而且还有着共同的远大理想：建功立业，复兴晋国，成为国家的栋梁之才。

一次，半夜里祖逖在睡梦中听到公鸡的鸣叫声，他一脚把刘琨踢醒，对他说："你听见鸡叫了吗？"刘琨说："半夜听见鸡叫不吉利。"祖逖说："我偏不这样想，咱们干脆以后听见鸡叫就起床练剑如何？"刘琨欣然同意。于是他们每天鸡叫后就起床练剑，剑光飞舞，剑声铿锵。春去冬来，寒来暑往，从不间断。功夫不负有心人，经过长期的刻苦学习和训练，他们终于成为能文能武的全才，既能写得一手好文章，又能带兵打胜仗。祖逖被封为镇西将军，实现了他报效国家的愿望；刘琨做了征北中郎将，兼管并、冀、幽三州的军事，也充分发挥了他的文才武略。

41. 卧薪尝胆

吴王阖闾打败楚国后，成了南方的霸主。越国是吴国的邻国，它与吴国素来不和。公元前496年，越国国王勾践即位。为了征服越国，吴王发兵攻打越国。两国在槜李地方展开了一场大战，吴王阖闾满以为可以打赢，没想到打了个败仗，自己又中箭受了重伤，再加上上了年纪，回到吴国，就咽了气。

吴王阖闾死后，儿子夫差即位。阖闾临死时对夫差说："不要忘记报越国的仇。"

　　夫差记住这个嘱咐，叫人经常提醒他。他经过宫门，手下的人就扯开了嗓子喊："夫差！你忘了越王杀你父亲的仇吗？"

　　夫差流着眼泪说："不，不敢忘。"

　　夫差为了报父仇，叫伍子胥和另一个大臣伯嚭操练兵马，准备攻打越国。结果越国战败，越王勾践于是被抓到吴国。吴王为了羞辱越王，因此派他干看墓与喂马这些奴仆才做的工作。越王心里虽然很不服气，但仍然极力装出忠心顺从的样子。吴王出门时，他走在前面牵着马；吴王生病时，他在床前尽力照顾，吴王看他这样尽心伺候自己，觉得他对自己非常忠心，最后就允许他返回越国。

　　勾践回到越国后，立志报仇雪耻。他唯恐眼前的安逸消磨了志气，在吃饭的地方挂上一个苦胆，每逢吃饭的时候，就先尝一尝苦味，还问自己："你忘了会稽的耻辱吗？"他还把席子撤去，用柴草当作褥子。这就是后来人传颂的"卧薪尝胆"。

　　勾践决定要使越国富强起来，他亲自参加耕种，叫他的夫人自己织布，来鼓励生产。因为越国遭到亡国的灾难，人口大大减少，他订出奖励生育的制度。他叫文种管理国家大事，叫范蠡训练人马，自己虚心听从别人的意见，救济贫苦的百姓。全国的老百姓都巴不得多加一把劲，好叫这个受欺压的国家改变成为强国。

　　越王勾践整顿内政，努力生产，使国力渐渐强盛起来，他就和范蠡、文种两个大臣经常商议怎样讨伐吴国的事。

　　公元前484年，吴王夫差要去打齐国。伍子胥急忙去见夫差，说："我听说勾践卧薪尝胆，跟百姓同甘共苦，看样子一定要想报吴国的仇。不除掉他，总是个后患。希望大王先去灭了越国。"

　　吴王夫差哪里肯听伍子胥的话，照样带兵攻打齐国，结果打了胜仗回来。文武百官全都道贺，只有伍子胥反倒批评说："打败齐国，只是占点小便宜；越国来灭吴国，才是大祸患。"

这样一来，夫差越来越讨厌伍子胥，再加上伯嚭在背后尽说伍子胥坏话。夫差给伍子胥送去一口宝剑，逼他自杀。伍子胥临死的时候，气愤地对使者说："把我的眼珠挖去，放在吴国东门，让我看看勾践是怎样打进来的。"

夫差杀了伍子胥，任命伯嚭做了太宰。

公元前475年，越王勾践作好了充分准备，大规模地进攻吴国，吴国接连打了败仗。越军把吴都包围了两年，夫差被逼得走投无路，说："我没有面目见伍子胥了。"说着，就用衣服遮住自己的脸，自杀了。

后来勾践北上中原与诸侯会盟，成为春秋时期最后一个霸主。越王勾践"卧薪尝胆"，终于使自己成就了一番伟业！

42. 夜以继日

周武王姬发灭殷后，建立了西周王朝。但武王还没开始真正治理国家就去世了。他十三岁的儿子姬诵继承了王位，也就是周成王。他的叔叔周公姬旦辅佐朝政。周公非常有能力，在武王攻打殷商的战争中就曾为兄长立下汗马功劳。担起辅佐朝政的重任之后，他更是忠于职守，兢兢业业。无论是正在做什么，只要一有公事，他就会马上停下来办公。立国之初，有些贵族猜忌他，说他有篡位的野心；还有人勾结纣王之子武庚发动叛乱；东方夷人也在此时乘机作乱。但周公忠心平乱，终于消除了成王的误解。他击败了武庚和夷人后，制定礼法、刑律，分封诸侯，建洛邑城，设立了东都成周。正是由于这样操劳过度，周公在东都建成之后不久就过世了。死前他嘱托大臣们，一定要辅佐成王管理好中原；死后将自己葬在成周，以表示虽死不忘王命。战国时孟子十分推崇周公为国家呕心沥血的精神，他说："周公兼学夏商周三代开国君主之德来治理周朝，有不当之处他就抬起头来琢磨，白天想不完夜里接着想，一旦想好了马上就去施行。"

43. 义无反顾

司马相如是西汉时期的一位才子，不但会击剑抚琴，更擅长写诗作赋。他的才华深得汉武帝赏识，因此把他留在自己身边做官。这个时候，刚巧赶上鄱阳令唐蒙在修治西南蜀道。唐蒙征集了很多的民工，还把他们的首领给杀害了。这引起了巴蜀人民的不安和惊恐，于是发生了一场骚乱。这件事传到汉武帝那里后，他立即派司马相如去安抚民众。为了给巴蜀人民一个交代，汉武帝还要司马相如写一篇文告，向他们好好作一番解释。司马相如照汉武帝的吩咐写了一篇文告，其中有这样的一段话："调集民夫、士兵修筑道路是应该的，但是惊扰了大家并不是陛下的本意。士兵作战的时候，应该迎着刀刃和箭镝而上，绝不容许回头看，宁肯战死也不能转过脚跟逃跑。你们应该从长计议，急国家之难，尽人臣之道。"司马相如处理这件事的方式非常得当，骚乱很快就被平息了，修路的工程又得以顺利进行下去。汉武帝因司马相如办事得力，非常满意，便拜他为中郎将，辅佐自己。

44. 一鸣惊人

春秋时期，楚国的储君也就是楚庄王在登基后，为了观察朝野的动态，也为了让别国对他放松警惕，当政三年以来，没有发布一项政令，在处理朝政方面没有任何作为，朝廷百官都为楚国的前途担忧。

楚庄王不理政务，每天不是出宫打猎游玩，就是在后宫里和妃子们喝酒取乐，并且不允许任何人劝谏，他通令全国："有敢于劝谏的人，就处以死罪！"

楚国主管军政的官职是右司马。当时，有一个担任右司马官职的人，看到天下大国争霸的形势对楚国很不利，他就想劝谏楚庄王放弃荒诞的生活，励精图治，使楚国成为继齐桓公、晋文公之后的诸侯霸主。然而，他又不敢触犯楚庄王的禁令，去直接劝谏；他绞尽脑汁也没有想出使楚庄王清醒过来的办法。

有一天，他看见楚庄王和妃子们做猜谜游戏，楚庄王玩得十分高兴。他灵机一动，决定用猜谜语的办法，在游戏欢乐中暗示楚庄王。

第二天上朝，楚庄王还是一言不发，这位右司马陪侍在旁。就在庄王准备宣布退朝的时候，他给楚庄王出了个谜语，说："奏王上，臣在南方时，见到过一种鸟，它落在南方的土岗上，三年不展翅、不飞翔，也不鸣叫，沉默无声，这只鸟叫什么名呢？"

楚庄王知道右司马是在暗示自己，就说："三年不展翅，是在生长羽翼；不飞翔、不鸣叫，是在观察民众的态度。这只鸟虽然不飞，一飞必然冲天；虽然不鸣，一鸣必然惊人。你回去吧，我知道你的意思了。"

　　楚庄王觉得大臣们要求富国强兵的心情十分迫切，自己整顿朝纲，重振君威的时机已经到来，半个月以后，楚庄王上朝，亲自处理政务，废除了十项不利于楚国发展的刑法，兴办了九项有利于楚国发展的事物，诛杀了五个贪赃枉法的大臣，起用了六位有才干的读书人当官参政，把楚国治理得很好。

　　国内政局好转，于是便发兵讨伐齐国，在徐州战败了齐国。又出兵讨伐晋国，在河雍地区，同晋军交战，楚军取得胜利。

　　最后，在宋国召集诸侯国开会，于是楚国便代替了齐、晋两国，成为天下诸侯的霸主。

45.　愚公移山

　　在冀川南面、河阳北面有两座非常雄伟、峻拔的高山，人称太行山和王屋山。山下住着位年近九旬、人称愚公的老人。老人因家门正对太行、王屋两座大山，每逢出门，都须爬山越岭，极其不便，所以下定决心要挖去这两座大山。于是，愚公一家人共同努力，夜以继日地挖土、运石，从不间断。一天，黄河边上一位人称智叟的老汉来到他们干活的地方，嘲笑愚公说："你们也太愚蠢了，仅凭你们父子几人何时才能挖掉这两座大山哪！"愚公听了他所说的话，眼望智叟，坚决地说："我死之后我的儿子还在，儿子死了还有孙子，子子孙孙没有穷尽，而这两座山却不会增高，何必担心挖不平呢？"智叟听后，惭愧不已。愚公的精神后来终于感动了天帝，于是天帝派大力神帮助愚公移走了这两座大山，使道路从此畅通。愚公一家人的心愿终于实现了。

46. 中流击楫

祖逖，出身于西晋末年北方大族。自从匈奴人占领中原后，北方有许多人逃难到南方，祖逖也带了几百家乡亲来到淮河流域一带。在逃难的行列中，祖逖主动出来指挥，大家都十分敬重他，并推选他做首领，希望祖逖带领他们早日恢复中原。当时，司马睿还没有即皇帝位。祖逖渡江到建康，劝琅琊王司马睿下令出兵收复失地。司马睿并没有恢复中原的打算，勉强答应了祖逖的请求，派他做豫州刺史，拨给一千个人吃的粮食和三千匹布，至于人马和武器，则叫他自己想办法。祖逖带着随同他一起来的几百家乡亲，组成一支队伍，横渡长江。船到江心的时候，祖逖拿着船桨，在船舷边拍打，向大家发誓说："我祖逖如果不能扫平占领中原的敌人，决不再过这条大江。"他激昂的声调和豪迈的气概，使随行的壮士个个感动，人人激奋。到了淮阴，他们停下来一面制造兵器，一面招兵买马，向北进发，迅速收复了许多失地。

47. 重于泰山轻于鸿毛

司马迁是我国历史上著名的史学家、文学家。他的父亲病危时告诉他，自己有一个想写一部史书的愿望，希望儿子司马迁替自己完成。司马迁继任父职太史令之后，便开始了《史记》的著述工作。公元前 99 年，汉将李陵兵败，投降匈奴。司马迁为李陵辩护，惹怒了皇帝，被关进了监狱。司马迁父子为官清廉，没有足够的钱来赎罪，结果受了腐刑。这简直就是奇耻大辱！受刑后的司马迁十分痛苦，甚至想自杀。但《史记》还没有完成，所以他强忍痛苦，坚强地活了下去。出狱后，司马迁担任中书令，在愤怒与悲凉的心情下继续著史，终于在公元前91年完成了《史记》一书。司马迁给远方的好朋友任安写信，在信中谈到自己对死的看法，他说，人都有一死，迟早都会有那么一天。有的人死得比泰山还重，有的人死得比鸿雁的羽毛还轻。这些都是根据他们对社会不同的贡献来决定的。

48. 众志成城

周朝时，周景王即位后，为了从百姓身上多刮些油水，就废除了市面流通的小钱，想重新铸造一种大钱。大夫单穆劝谏说："损害了老百姓的利益，国家就没办法治理了。"周景王没有听从他的建议。两年后，周景王又下令收集全国最好的铜，让工匠给自己造两口大钟，供他享乐。单穆又劝阻说："大王两年前把小钱改成大钱已经使老百姓受了很大损失，现在又要劳民伤财，这大钟造好后配上乐也不会有和谐的声音。"周景王仍然不听。一年后大钟造好了，敲钟的人为了讨好周景王，说钟的声音十分和谐。乐官伶州鸠却说："这还不能算是和谐。大王铸钟，如果百姓都为此欢呼，那才称得上和谐。可是您为了造钟，弄得民穷财尽，百姓怨声载道，所以实在看不出这钟好在什么地方。俗话说：众志成城，众口铄金大众一心的话什么事都能办成，即使是金子也能被大家所熔化。"

49. 置之度外

东汉初年，光武帝刘秀虽然已经建立了政权，但天下还没有统一。东方的刘永、蜀中的公孙述、燕王彭宠、齐王张步等都拥有重兵，随时会威胁到刘秀所建立的新政权。光武帝是个有远大抱负的人，他为了统一全国，四处招揽人才，并争取得到百姓的拥护。他知人善任，把许多拥有重兵的人一一除去，又收降了五郡大将军。最后只有西州大将军隗嚣、蜀中的公孙述还在与刘秀抗衡。光武帝派人去劝降隗嚣。隗嚣惧怕光武帝强大的实力，所以假意臣服，派大儿子跟随前来劝降的人回刘秀宫中作为人质。光武帝平定中原后，分析天下形势：当时隗嚣的大儿子仍在宫中为人质，所以隗嚣不敢轻举妄动；公孙述在西南边陲，也没有力量杀过来，因此，天下大局已定。他对众将领说："隗嚣和公孙述已没有力量阻止我统一全国，所以我可以不把他们放在心上了。"几年后，刘秀消灭了这两个人的势力，统一了全国。

50. 志在四方

春秋时，晋献公听信骊姬的话，杀了太子申生。于是公子重耳和夷吾分别躲到狄国和梁国避难。后来，晋献公死了，公子夷吾继位。他担心重耳夺位，于是派人追杀。重耳躲到齐国，齐桓公很看重重耳，把亲戚的女儿齐姜嫁给他。七年后，已完全适应齐国生活的重耳根本就不想回晋国了。齐桓公死后，齐孝公治国，齐国国力渐衰。与重耳同去的子犯、赵衰等人一起在桑园里秘密商议让重耳回国之事。齐姜的侍女在树上采桑叶时听见了他们的密谈。齐姜得知后，杀掉了侍女，并告诉重耳："男子汉要做一番大事业，留恋妻子、贪图安逸是不可取的。我已杀了侍女，你快走吧！"重耳惊讶地说："可是我并不想走啊！"齐姜听后没有再劝他，而是暗中跟子犯等人商量对策。他们灌醉了重耳，把他送出齐国。最后，重耳终于在六十二岁时再度回到晋国，成为晋国国君，即历史上的晋文公。

第四章　好学求知篇

1. 百川归海

汉高祖刘邦的孙子刘安，是西汉时期著名的思想家、文学家，人们称他为淮南王。他聪颖好学，才华横溢，曾召集懂得天文、医学、历算、占卜等技艺的人员几千人，集体编撰了一部十万多字的《鸿烈》，又名《淮南子》。《淮南子》中有一篇《汜论训》，主要讲述了人们社会发展的一些情况，它的基本观点是符合历史唯物主义的。书中写道："我们的祖先最早住在山洞里，生活非常艰苦。后来，圣人带领人们建造房屋，使人们摆脱了山洞里的生活；又教人们制造农具和兵器，用来耕作和擒杀猛兽；并且又制礼作乐，使人们有了礼节和约束。"由此可以说明：社会是在不断进步的，如果古时候的制度不合时宜，就应当废除；如果适合，就应当继续发扬。正如千千万万条来自不同源头的江河，最后都会汇入大海一样，尽管每个人做的事不一样，但都有一个共同的目的，那就是为了把社会治理好，使人们过上幸福的生活。

2. 半途而废

东汉时，河南郡有一位贤惠的女子，人们都不知她叫什么名字，只知道是乐羊子的妻子。

一天，乐羊子在路上拾到一块金子，回家后把它交给妻子。妻子说："我听说有志向的人不喝盗泉的水，因为它的名字令人厌恶；也不吃别人施舍而呼唤过来吃的食物，宁可饿死。更何况拾取别人失去的乐西。这样会玷污品行。"乐羊子听了妻子的话，非常惭愧，就把那块金子扔到野外，然后到远方去寻师求学。

一年后，乐羊子归来。妻子跪着问他为何回家，乐羊子说："出门时间长了想家，没有其他缘故。"妻子听罢，操起一把刀走到织布机前说："这机上织的绢帛产自蚕茧，成于织机。一根丝一根丝地积累起来，才有一寸长；一寸寸地积累下去，才有一丈乃至一匹。今天如果我将它割断，就会前功尽弃，从前的时间也就白白浪费掉。"

妻子接着又说："读书也是这样，你积累学问，应该每天获得新的知识，从而使自已的品行日益完美。如果半途而归，和割断织丝有什么两样呢？"

乐羊子被妻子说的话深深感动，于是又去完成学业，一连七年没有回过家。

3. 标新立异

东晋时期，佛教学者支道林结交王羲之、谢安等名士。他们经常在一起谈论玄理，研究《庄子》。《庄子》是战国时期庄周写的一部哲学经典著作。晋代的向秀和其后的郭象两人完成了对《庄子》的注释。《庄子》的第一篇《逍遥游》是这本书最深奥难懂的地方。当时，许多名士都曾深入研究这篇文章，但都不能超出郭象和向秀的见解。支道林曾经在白马寺和冯太常一起聊天，谈到《逍遥游》时，他提出了一种比郭象和向秀的见解更为全新的看法，也与当时众多名士的观点迥然不同。支道林的这些见解都是众多名士苦苦思索而不能够想明白的。后来，人们在解释《逍遥游》时也就借鉴了支道林的这些观点。

4. 不耻下问

春秋时期，孔子被世人尊为圣人。他是当时著名的思想家、教育家和政治家，也是儒家学说的创始人。孔子认为人并不是生下来就学识渊博的，一定要好学多问。一次，孔子去国君的祖庙参加祭礼仪式时，他不时地向人询问。有人嘲笑他不懂礼仪，孔子听到这些后，毫不在意，并且说："遇到不懂的事便问个明白，这才是要求知礼的表现啊！"当时卫国的大夫孔圉为人耿直，并且谦虚好学。他去世后，被授予"文"的谥号，因此后人又称他为孔文子。孔子的学生子贡心中不服，就询问孔子为什么孔圉可以谥号为"文"。

孔子回答说："孔圉聪敏又勤于学业，不因为向学问和地位比自己低的人求教而感到羞耻，因此，才可以用这个'文'字作谥号啊！""不耻下问"这则成语正是由此引申而来。

5. 不学无术

西汉时期，名将霍去病有个同父异母的兄弟叫霍光。有一次，霍去病征讨匈奴胜利后回家省亲，返回长安时，将霍光也带到京城。汉武帝封霍光为郎中。霍光为人小心谨慎，灵敏乖巧，遵守礼法。他跟随汉武帝二十余年，从未出过差错，深得武帝的赏识。武帝驾崩前，晋封他为大司马、大将军，让他与桑弘羊共同辅佐幼主昭帝。汉昭帝驾崩后，他又先后迎立刘贺、刘洵为皇帝。于是霍光手中握有国家的军政大权，权倾朝野。在任职期间，他采取措施减轻了民众负担，发展了社会生产。霍光为西汉朝廷做出过巨大的贡献，巩固了刘氏家族的封建统治。然而，霍光并没有什么真才实干，而且不明事理，居功自傲，独自一人垄断了朝政大权。大臣们有事都须事先禀告霍光，然后才能上奏皇帝；皇帝对他也十分恭敬。时间久了，很多大臣都对霍光颇有微词，心生怨恨。霍光又纵容他的妻子设计毒死了许皇后，事后又替她隐瞒。正因为霍光没有什么学识，又不明事理，他死后才三年，全家就被满门抄斩，株连九族。

6. 才高八斗

南朝宋国的谢灵运，是古代著名的诗人。他开创了文学史上的山水诗派，以善于描写山水名胜、刻画自然景物而著称。谢灵运写诗很注重形式美，其诗富有极强的艺术性，深得当时文人雅士的喜爱。人们竞相抄录他的诗篇，广为传诵。他的文学才能得到了宋文帝的赏识，他也因此被召回京都任职。宋文帝将他的书法和诗作称为"二宝"，经常叫他边侍宴边写诗作文。谢灵运这个人一向自命清高，任何人都不放在眼里。宋文帝如此礼待于他，更使他狂妄自大，目空一切，经常口出狂言。有一次，他一边喝酒一边自夸说："魏晋以来，天下的文学之才共有一石（一种容量单位，一石等于十斗），其中曹子建（即曹植）独占八斗，我得一斗，其他的天下人共分一斗。""才高八斗"这则成语便出自谢灵运的这句话。

7. 从善如流

公元前585年，郑国不敌楚国的进攻，求救于晋国。晋将栾书奉命前去救援，使楚军退兵回国。后栾书又去攻打蔡国，蔡国急忙向楚国求救。楚国只好派公子申和公子成率军救蔡。晋大将赵同和赵括向栾书请战，准备率兵攻打援蔡的楚军。这时，栾书的部下知庄子、范文子、韩献子阻止说，此次与楚军交战，胜了也不光荣，败了则会令人羞耻，于是建议收兵回国。栾书采纳了他们的建议。军中有人对此持异议，认为辅佐栾书的有十一个人，只有知庄子等三人主张收兵，而主战的人占多数，因此应按多数人的想法行事。栾书回答："正确的意见才能代表多数。知庄子他们是贤人，他们的正确意见便能代表多数人的想法。"于是，他下令退兵回国。过了两年，栾书率兵攻下蔡国后，又想去攻打楚国。知庄子、范文子、韩献子等人分析了具体情况后，又建议栾书暂时不要攻打楚国，而去攻沈国。栾书又一次采纳了他们的建议。栾书能正确听取部下的意见，时人便称赞说："栾书听从好的、正确的意见，就像流水向下那样，迅速而又自然。"

8. 断章取义

　　春秋后期，齐国的大夫崔杼和庆封合谋杀死齐庄公，立杵臼为国君，史称齐景公。崔杼和庆封分别担任右相和左相。庄公有两个亲信——卢蒲癸和王何，他们在庄公遇害后就逃到别的国家去了。卢蒲癸在出逃前嘱咐弟弟卢蒲要他设法获取崔杼和庆封的信任，在适当的时候能够让他回国，为庄公报仇。卢蒲不忘哥哥的嘱托，帮助庆封杀死了崔杼，博得庆封的信任。后来他又设法让哥哥回国，为庄公报仇。卢蒲癸把要杀死庆封的事告诉了妻子庆姜。庆姜是庆封的妹妹，但她表示要大义灭亲，帮助丈夫完成这一义举。没想到，卢蒲癸不但杀死了庆封，还杀死了岳父庆舍以及庆氏全族。事后，有人问他："庆氏和你们卢氏都是姜姓后裔，你怎么会与同宗联姻，娶庆姜为妻呢？"卢蒲癸说："庆姜不因我与她同宗而有所避讳，我为什么要回避呢？就像有人截取《诗经》中的某篇某章，来表达自己的意思一样，我只取我所要求的，管它什么同宗不同宗！"

9. 废寝忘食

孔子，名丘，字仲尼，春秋末期的思想家、政治家和教育家，儒家学派的创始人。他的许多言论被他的弟子记载在《论语》中。孔子年老时，周游列国。在他六十四岁那年，来到了楚国的叶邑。叶县的大夫沈诸梁，热情接待了孔子。沈诸梁人称叶公，在当时很有名望。他很早就听过孔子的名声，但对孔子本人并不了解，于是便向孔子的学生子路询问关于孔子的为人。子路虽是孔子的学生，却不知怎么回答叶公。后来，孔子知道了这件事，就对子路说："你为何不这样回答他：'孔子为人勤勉，努力学习从不厌倦，甚至忘记了睡觉和吃饭；他乐于传道授业，从不担忧受贫受苦，甚至忘记了自己的年纪。'"从孔子的话中，我们可以看出，因为他有着非常远大的理想，所以能够生活得非常充实。

10. 邯郸学步

相传在两千年前，燕国寿陵地方有一位少年，叫他寿陵少年吧！

这位寿陵少年不愁吃不愁穿，论长相也算得上中等人材，可他就是缺乏自信心，经常无缘无故地感到事事不如人，低人一等——衣服是人家的好，饭菜是人家的香，站相坐相也是人家高雅。他见什么学什么，学一样丢一样，虽然花样翻新，却始终不能做好一件事，不知道自己该是什么模样。

　　家里的人劝他改一改这个毛病，他以为是家里人管得太多。亲戚、邻居们，说他是狗熊掰棒子，他也根本听不进去。日久天长，他竟怀疑自己该不该这样走路，越看越觉得自己走路的姿势太笨，太丑了。

　　有一天，他在路上碰到几个人说说笑笑，只听得有人说邯郸人走路姿势那叫美。他一听，对上了心病，急忙走上前去，想打听个明白。不料想，那几个人看见他，一阵大笑之后扬长而去。

　　邯郸人走路的姿势究竟怎样美呢？他怎么也想象不出来。这成了他的心病。终于有一天，他瞒着家人，跑到遥远的邯郸学走路去了。

　　一到邯郸，他感到处处新鲜，简直令人眼花缭乱。看到小孩走路，他觉得活泼、美，学；看见老人走路，他觉得稳重，学；看到妇女走路，摇摆多姿，学。就这样，不过半月光景，他连走路也不会了，路费也花光了，只好爬着回去了。

11. 囫囵吞枣

　　据说战国时期吴地有个自作聪明的人，做事总想别出心裁。一天，他听到一个人说吃梨对牙齿有好处，但对脾脏有害处；而吃枣对牙齿有坏处，却对脾脏有益处。这使他非常苦恼。因为他恰恰喜欢吃梨和枣这两种水果，怎么办呢？他绞尽脑汁，忽然高兴地说："我倒想了一个好办法，即可以得到吃梨和枣的好处，又可以避免害处。那就是，当我吃梨的时候，我只用牙齿咀嚼，但不吞到肚子里去，这样对牙齿有好处，而且不会伤脾；吃枣子的时候，我不用牙齿咬，而是一口一个吞下去，这样就不会伤到牙齿，而且对脾有益。"他的朋友听后，笑着对他说："你吃梨只嚼不咽，倒还可以做到；但是，在吃枣时只咽不嚼，那恐怕办不到了。你那样把整个枣儿吞咽下去，肚子可要难受了！"说完，就笑弯了腰。

12. 画龙点睛

南北朝时期的梁朝，有位很出名的大画家名叫张僧繇，他的绘画技术很高超。当时的皇帝梁武帝信奉佛教，修建的很多寺庙，都让他去作画。

传说，有一年，梁武帝要张僧繇为金陵的安乐寺作画，在寺庙的墙壁上画四条金龙。他答应下来，仅用三天时间就画好了。这些龙画得栩栩如生，惟妙惟肖，简直就像真龙一样活灵活现。

张僧繇画好后，吸引很多人前去观看，都称赞画得好，太逼真了。可是，当人们走近一点看，就会发现美中不足得是四条龙全都没有眼睛。大家纷纷请求他，把龙得眼睛点上。张僧繇解释说："给龙点上眼珠并不难，但是点上了眼珠这些龙会破壁飞走的。"

大家听后谁都不相信，认为他这样解释很荒唐，墙上的龙怎么会飞走呢？日子长了，很多人都以为他是在说谎。

张僧繇被逼得没有办法，只好答应给龙"点睛"，但是他为了要让庙中留下两条白龙，只肯为另外两条白龙点睛。这一天，在寺庙墙壁前有很多人围观，张僧繇当着众人的面，提起画笔，轻轻地给两条龙点上眼睛。奇怪的事情果然发生了，他刚点过第二条龙眼睛，刹那间天空乌云密布，狂风四起，雷鸣电闪，在雷电之中，人们看见被"点睛"的两条龙震破墙壁凌空而起，张牙舞爪地腾云驾雾飞向天空。

过了一会，云散天晴，人们被吓得目瞪口呆，一句话都说不出来了。再看看墙上，只剩下了没有被点上眼睛的两条龙，而另外两条被"点睛"的龙不知去向了。

后来人们根据这个传说引申出"画龙点睛"这句成语，比喻说话或文章，在主要处用上关键性的、精辟的一两句话，点明要旨，使内容就更加生动有力了。但是在知识改革开放的信息时代，我们可以认为这就是一种创新，因为张僧给龙点了眼睛就发生了一个质的飞跃。

成语"画龙点睛"比喻说话或做事关键部位处理得好，使整体效果更加传神。

13. 江郎才尽

江郎，指南朝文学家江淹，字文通，梁朝考城人。江淹年少的时候，家境非常贫寒，甚至连买笔和纸的钱都没有，然而他读书非常用功。经过发奋刻苦，终于出人头地，不仅官至光禄大夫，而且还成为一个鼎鼎有名的文学家。时人对他的诗和文章评论非常高。可是，随着年龄越来越大，他的写作水平退步了很多。过去他写作的时候，文思如潮，下笔如神，经常有一些绝妙的诗词佳句，而后来写出来的诗却平淡无奇。每次提起笔来总要思考许久，依旧连一个字都写不出来。偶尔灵感上来了，写出了一两句诗，却又文句枯涩，内容平淡，无一可取之处。有人传说，一次江淹乘船停在禅灵寺河边，梦见一个自称张景阳的人向他讨一匹绸缎，他就从怀中掏出几尺绸缎给他。从此，他的文章便不再精彩了。还有人说，有一回江淹在凉亭中午睡，梦见一个自称郭璞的人向他索要一支笔，还说那支笔已借给他很久了。江淹就将一支五色毛笔还给了他，从此便文思枯竭，写不出好文章了。

14.　开卷有益

　　宋朝初年，宋太宗赵光义喜好读书，于是便命李等人，搜集和摘录了一千六百多种古籍的重要内容，编一部具有参考价值的历史典籍。这部书是在宋太宗的太平兴国年间完成的，因此原定名叫做《太平编类》。宋太宗对这部书很感兴趣，编成以后，他自己规定，每天至少要看两三卷。一年之内，宋太宗就全部看完了这套书，所以这部书后来叫做《太平御览》（"御览"是皇帝阅览的意思）。当时有人认为，皇帝在处理国家大事之外，每天还要阅览这部大书，未免太辛苦了，便劝他少看一些。宋太宗说："开卷有益，朕并不以此为辛苦，况且，我还能从书中得到不少收获。"

15.　口若悬河

　　郭象，字子玄，是晋代的一位大学问家。他对于日常生活中所接触的一些现象，能够留心观察，然后仔细思考其中的道理，得出自己的结论。因此，他的知识十分渊博，对于各种事情都有自己独到的见解。后来，他又潜心研究老庄学说，对他们的学说也有着深刻的理解。当时，有不少人因仰慕他的学识而来请他出去做官，他一概拒绝了，每天只是埋头做学问，或者和志趣相同的人探讨哲理。郭象恪守不做官、只做学问的原则，他认为只有这样才能得到心灵上的快乐与满足，活得充实自在。后来，朝廷再三派人请他出去做官，参与朝政。郭象推辞不过，只好答应下来，做了一名"黄门侍郎"。到了京城，由于他知识渊博，对什么事情都说得头头是道；加之他的口才很好，又喜欢发表自己的见解，立论新颖，条理清晰，内容深刻，因此，人们听他谈论时都觉得津津有味。当时有一个叫王衍的太尉，非常欣赏郭象的学识和口才。他常常赞扬郭象说："听郭象谈话，就好像瀑布水流，滔滔不绝，永远没有枯竭的时候。

16. 连篇累牍

隋朝时期，治书侍御史李谔口才极佳，擅于辩论，文章也写得不错。他发现六朝以来，士人写的文章常常只追求华丽的辞藻，却没有什么具体的内容，便决定上书给隋文帝，请求隋文帝下诏改变文风。隋文帝在处理政务时，也看到大臣们的奏章往往华而不实，只追求文辞的华丽，不重视解决实际问题。他不禁深思：南朝时政治腐败与这浮华的文风有关，这真是误国的根源啊！李谔伏案疾书，终于完成了《请正文体书》的奏章，送给隋文帝审阅。奏章从魏武帝、文帝、明帝说起，说他们只注重文辞华丽的雕虫小技，而不重视为君之道，给后世造成了恶劣的影响。奏章中说，一篇篇文章，一箱箱案卷，说来说去，都离不开吟曰弄月的内容，真是累赘冗长，空洞无物。隋文帝看后，连连点头，心想在这种文风的影响下，众人都追逐华而不实的东西，长此以往，危害极大。于是颁布政令，严令要求改变文风。

17. 洛阳纸贵

西晋有一位著名的文学家，名叫左思，字太冲，山东临淄人。左思出身寒微，不善交游，而且相貌丑陋，说话还有点口吃。

左思小时候是个非常顽皮、不爱读书的孩子。父亲经常为这事发脾气，可是小左思仍然淘气得很，不肯好好学习。他的父亲左雍对此十分失望，有一次，竟当着他的面，对自己的朋友说："左思这孩子的学习，还赶不上我小的时候呢"！

此他便潜下心来，发愤读书，并且以辞藻壮丽而小有名气。他用一年的时间写成了《齐都赋》，显示出他在文学方面的才华，为他成为杰出的文学家奠定了基础。

这时，左思的妹妹左棻因品貌出众、才学过人，被晋武帝选召入宫，左思也就随全家来到京城洛阳。目睹京都的壮观繁华，左思萌动了写《三都赋》（三都，指魏、蜀、吴三国的都城）的念头，三国时魏、蜀、吴首都的风土、人情、物产等描述出来。几乎到了废寝忘食的地步。他在室内、厅前、走廊甚至厕所里，到处都挂上纸笔，每得佳句，便随手记下。这样，整整经过了十年，《三都赋》终于完成了。

开始的时候，《三都赋》并没有得到人们的重视。后来经皇甫谧、张华等名流大力推荐，《三都赋》才在洛阳畅销起来。

后来，人们便用"洛阳纸贵"来形容文章作品脍炙人口，广为流传。

18. 莫测高深

　　严延年是西汉时期一位刚正不阿、执法严明的官员。当时朝廷中有位权势很大的大司马叫霍光。汉昭帝死后，霍光擅自废立皇帝。后来宣帝即位，严延年毫不畏惧地上奏批评霍光，这件事给朝廷上下留下深刻的印象。后来，严延年被任命为涿郡太守。此地的豪强地主特别是东高氏和西高氏的势力很大，恃强凌弱，做了很多坏事。前几任太守都不敢招惹他们。严延年到任后，马上让属下调查，并很快将两高氏绳之以法，同时将有关的罪犯几十人全部处决。这在当地引起轰动。三年后，他又升为河南太守。那里的豪强势力听说这个消息都很害怕。果然，他到任后对作恶的豪强予以严惩，竭力扶助贫弱人家。众人认为该处死的人，有时竟会被释放；而人们觉得不该处死的人，有时却被严惩。无论官吏还是老百姓，都不能揣测出他的心意，结果都吓得不敢犯法。由于他执法如山，得罪了许多官吏，后来惨遭杀害。

19. 名落孙山

　　宋朝时读书人要想做官，必先参加科举考试。乡试中举后方可参加更高一级的会试。一年秋天，有个人称"滑稽才子"的读书人孙山和乡里一位老人的儿子结伴去省城应试。到了省城，两人顺利考完试后便等待发榜。过了几天，榜文贴出来了，孙山最后在末行见到了自己的名字，原来他以末名中得举人。可一起来应试的乡人的儿子却榜上无名，落选了。待他回去对乡人的儿子说明了情况，对方立刻垂头丧气，表示想在省城多待几天。孙山归心似箭，急忙回到了家中。全乡人都向他表示祝贺。那老人不见儿归，便向孙山打听他儿子是否中举。孙山诙谐地念了两句诗："解名尽处是孙山，贤郎更在孙山外。"这里的"解名"是榜上举人的名字。意思是举人的最后一名是我孙山，你儿子的大名还在我之后，自然是落选了。老人一听连才子孙山都只考了末名，那远远比不上孙山的儿子榜上无名也很自然，便平心静气地走了。

20. 目不识丁

张弘靖是唐穆宗时的幽州节度使（唐朝时管辖一个地区的最高长官）。他刚到幽州时，奢侈腐化，为百姓所不齿。张弘靖不仅养尊处优，而且非常狂妄，目中无人，动不动就骂人，看不起平民和下级官兵。有一次，他挖苦那些士兵说："现在天下太平，你们这些当兵的还有什么用呢？你们即使能拉满两石的弓，也不如认识一个'丁'字！"暗含的意思是讽刺他们没文化。士兵们听了都异常气愤，但又不敢当面说出来。朝廷来犒劳将士，拨下来一大笔钱款，张弘靖却将其中一部分贪污了。士兵们得知后，更加生气，都对张弘靖很不满。正好这时，张弘靖的一个亲信因为一点小事打了一名军官，这件事引起了一场骚动，而张弘靖却不问情况，把参与闹事的人全抓起来，并打算进行严惩。士兵们终于忍无可忍，发动兵变将他的亲信打死，又将张弘靖抓了起来。后来兵变被平息，张弘靖也被贬为刺史，并调离了幽州。

21. 抛砖引玉

相传唐代高僧从稔禅师对徒弟们的参禅要求极为严格，每个人必须集中精力，静心打坐，达到一种不受外界干扰、身心不动的入定佳境。一次晚参的时候，从稔禅师有意试探一下徒弟们的定力，说："今夜答话，有闻法解悟者出来。"其他的人都聚精会神地盘腿打坐，不为所动。惟有一个小僧走出礼拜，回答禅师。从稔禅师看了看他，说了一句："刚才抛砖引玉，却引来一块连砖还不如的土坯！"关于抛砖引玉的故事，还有一个是这样讲的：唐代诗人赵嘏有一次到吴地游历，有个叫常建的诗人对他非常崇拜，他想赵嘏肯定会去灵岩寺，便提前赶到灵岩寺，在墙上写了两句诗，希望赵嘏看到后能补全这首诗。果然赵嘏看到常建的诗后，提笔给补上了两句，成为一首非常好的诗。但由于常建写的没赵嘏的好，所以人们把这种以差引好的做法称为"抛砖引玉"。

22. 前车之鉴

贾谊是西汉时期著名的政治家。他从小就才华出众，十八岁的时候便声名远扬。汉文帝听说他很有才学，便命人接他入宫担任博士。那时候，贾谊才二十岁。一次，他上书文帝阐述治理国家的道理，书中说："秦朝宦官赵高只教给秦始皇次子胡亥如何处决囚犯，所以胡亥所学的不是斩决犯人，就是灭绝全族。胡亥继位第二天就开始杀人。有人劝他要善待子民，他认为是诽谤；有人向他呈送治国安邦之策，他认为是妖言，他杀人就像割草一样。胡亥是天生残暴吗？不是。这都是受了不良教育的结果。俗语说：'不熟悉做官的，只要看看他所办的公事成绩如何，就知道了。'俗语又说：'前车之覆，后车之鉴。看到前面的车翻了，后面的车子就应该警惕！'秦朝覆灭的教训，就是我们的前车之鉴呀！"汉文帝看了贾谊的文章，认为很有见地，不久就把他升为大夫。后来，汉文帝还想再提拔贾谊，却遭到了绛侯周勃等人的反对，于是只好把他派往长沙去作长沙王太傅。后来，贾谊又调任梁王太傅，但终因不得志而英年早逝。

23. 青云直上

战国时期，魏国的范雎才华出众，但苦于家境贫寒，只得先在中大夫须贾手下当差。一次，须贾奉魏王之命出使齐国，让范雎也一同前往。齐襄王十分赏识范雎的口才，便命人赏赐黄金和美酒给他。须贾以为范雎做了有害于魏国的事情，便将此事禀告了相国魏齐。魏齐大怒，将范雎痛打了一顿。最后范雎装死才逃到了秦国，并改名张禄。范雎依靠自己出众的才华，很快得到秦昭王的赏识，并被提拔为秦国的相国。这时魏国听说秦国打算进攻韩国和魏国，便派须贾出使秦国去求和。范雎得知后，决定报复须贾。他穿了一身破旧的衣服去见须贾。须贾可怜他，就招待了他，还送给他一件袍子。范雎故意说带须贾去见当时秦国权重一时的相国张禄。到了相国府，须贾才知道原来张相国就是范雎。须贾连忙磕头自称"死罪"，并说："我想不到您能升迁得这么快。从此以后，我不敢再谈论天下的才学，也不敢再过问政治。我犯了死罪，请您处罚我。"

范雎历数了他的三条罪状，但念他送给自己袍子，还算有情有义，最终饶恕了他。

24. 孺子可教

张良，字子房。他原是韩国的公子，姓姬，后来因为行刺秦始皇未遂，逃到下邳隐匿，才改名为张良。

有一天，张良来到下邳附近的圯水桥上散步，在桥上遇到一个穿粗布衣裳的老人。那老人走到张良面前，直接把一只鞋子丢到鞋桥下，然后对张良说："喂！小伙子！你替我去把鞋捡起来！"

张良很惊讶，想揍那老头。但看到老人年纪很大，便忍住了。他下桥把鞋捡了起来，然后又恭敬地跪着替老人穿上。老人伸脚穿好鞋，然后笑着转身就走了。

张良更吃惊了，盯着老人离开的背影。那老人走了里把路，返身回来，说："你这小伙子很不错，值得我指教。五天后的早上，到桥上来见我。"张良听了，连忙答应。

第五天早上，张良赶到桥上。老人已先到了，生气地说："跟老人约会却迟到，怎么回事啊？再过五天，早些来见我！"

又过了五天，公鸡一打鸣，张良就出发赶到桥上。不料老人又先到了，老人说："又迟到，怎么回事啊？五天后再早点来。"

又过了五天，张良刚过半夜就摸黑来到桥上等候。过了一会，老人也来了，高兴地说："小伙子，你这样才对！"

老人说着，拿出一本书交给张良，说："你要下苦功钻研这部书。钻研透了，以后可以做帝王的老师。十年后有大成就。十三年后，小子你将再见到我，济北谷城山下的黄石就是我啦"然后老人就离开不见了。第二天早晨，张良看那本书，乃是《太公兵法》。张良觉得这事很奇特，于是常常用功专研此书。

后来，张良研读《太公兵法》很有成效，成了汉高祖刘邦的重要谋士，为刘邦建立汉朝立下了汗马功劳。

25. 入木三分

王羲之，字逸少，晋朝时会稽（今浙江绍兴）人。他是中国历史上最有名的书法家之一，因为他曾经做过右军将军，所以后人又称他为王右军。

王羲之的字写得这样好，固然与他的天资有关系，但最重要的还是由于他的刻苦练习。他为了把字练好，无论休息还是走路、心里总是想着字体的结构，揣摩着字的架子和气势，而且不停地用手指头在衣襟上划着。所以时间久了，连身上的衣服也划破了。

他曾经在池塘边练习写字，每次写完，就在池塘里洗涤笔砚。时间一久，整个池塘的水都变黑了。由此可以知，他在练习书法上所下工夫之深了。

据说他很爱鹅，平时常常望着在河里戏水的鹅发呆，后来竟然从鹅的动作中领悟出运笔的原理，而对他的书法技艺大有助益。

有一次，他到一个道观去玩，看到一群鹅非常可爱，便要求道士卖给他。观里的道士早就钦慕他的书法，便请他写部《黄庭经》作为交换。王羲之实在太喜欢那些鹅了，便同意了。于是王羲之给观里写了部《黄庭经》，道士便把那些鹅都送给了他。

还有一次，当时的皇帝要到北郊去祭祀，让王羲之把祝辞写在一块木板上，再派工人雕刻。雕刻的工人在雕刻时非常惊奇，王羲之写的字，笔力竟然渗入木头三分多。他赞叹地说："右军将军的字，真是入木三分呀！"

26. 生花妙笔

李白是唐代著名的大诗人。据说他少年时代，曾经做过一个奇怪的梦。他梦见自己平时所用毛笔的笔头上突然绽放出非常鲜艳漂亮的花朵。与此同时，一张张白纸自动飞到他眼前。李白高兴极了，就抓起那支开满花的妙笔飞快地写了起来，落在纸上的却是一朵朵盛开的鲜花。从此，李白酷爱写作，刻苦读书，游历祖国名山大川，深入了解民众的生活，创作了大量的不朽诗篇。他热情赞美辽阔壮丽的祖国，并在一定程度上揭露了腐朽黑暗的封建社会。他有许多著名的诗篇流传千古，至今仍被后人所吟咏传诵。李白非常有才能，生前便被人们称为"诗仙"，杜甫也称赞他"笔落惊风雨，诗成泣鬼神。"但他并非天生就是这样，而是个人勤学苦练的结果。相传他幼年时并不懂得用功，一次他看见一个老妇人在石板上磨铁杵，打算把粗粗的铁杵磨成针，这使他深受启发，从此发奋学习，终于学有所成。

27. 生吞活剥

唐代枣强县县令张怀庆是个沽名钓誉之徒。他不怎么会写诗，就经常抄袭其他名士的诗文，把它们改头换面一番，冒充自己的作品，然后毫不顾忌地将这些诗作展示出来给大家看。有些人虽明知这些诗不是他自己写的，但为了讨好他，仍吹捧他的诗写得好。张怀庆便沾沾自喜，真以为是自己写得好。有一次，有个名叫李义府的诗人写了一首五言绝句："镂月为歌扇，裁云作舞衣。自怜回雪影，好取洛川归。"张怀庆读了这首诗，觉得写得很好，便又想据为己有，于是提起笔来，在每句诗前加上两个字，变成一首七言绝句："生情镂月为歌扇，出意裁云作舞衣。照镜自怜回雪影，来时好取洛川归。"原诗文字凝练，寓意清新，经过他的篡改之后，不仅文理不通，而且读起来也很别扭，不知所云。张怀庆不仅不以为耻，还自命不凡，亲笔抄写后四处赠人，惹出了不少笑话。后来，人们借用诗人王昌龄、名士郭正一的文名，编了两句顺口溜来嘲笑他，说张怀庆的这种行为是"活剥"、"生吞"王、郭诗文的盗窃行为。

28. 升堂入室

子路是孔子的得意门生，他为人率直，却爱惹事，入学前还跟孔子捣过乱。他问孔子："我像一根笔直的竹竿，生来就可做一支好箭，读书还有什么用呢？"孔子开导他说："读了书就有了知识，这就好比在箭尾装上了羽毛，在箭头安上了锋利的金属头，这样箭的威力就更大了。"子路觉得孔子说得很对，便拜孔子为师。一天，子路在孔子家里弹琴。他个性刚烈勇猛，弹出的琴声也像打仗一样充满杀气。孔子是主张"仁"和"中庸之道"的，自然听不惯这种琴声，不满地说："他为什么要在我家里弹琴呢？"孔子的其他弟子听出了老师这句话的弦外之音，顿时改变了对子路的看法，从此对子路就有些不尊重了。孔子知道后，就对大家解释道："子路弹琴的本领已经登上厅堂，但尚未进入内室。他已经有了一定的成就，只是还没达到登峰造极的境界而已。"弟子们听了孔子的解释，才知道子路在音乐方面已有了相当高的水平，连老师都给予了肯定，便改变了态度，再也不敢不尊重他了。

29. 熟能生巧

北宋时，有个叫陈尧咨的人擅于射箭。当时在他生活的那个地方，确实没有人能比得上他，为此他十分得意，自以为是天下第一。有一天，他正在家中练习射箭，几乎箭箭都命中靶心，围观的人都赞不绝口。可是，有个卖油的老头儿放下肩挑的担子，用非常不屑的眼光看他射箭，似乎对他的箭术不以为然，只是偶尔地点几下头，并对周围的人说："这没什么稀奇!"陈尧咨听了很不高兴，便问他："难道你也懂得射箭? 难道我的箭术不高明吗?"老头儿笑了笑，说："你的箭术不错，我也不会射箭，但这没有什么稀奇，只不过是手熟罢了。"陈咨尧听后更生气了，正要发问，那老头坦然说道："以我倒油的技巧，就可以知道这一点。"只见老头儿不慌不忙地取出一个油葫芦，在葫芦口上放了一枚铜钱，然后用木勺把油从铜钱口倒入葫芦中。一勺油全部倒完，铜钱上居然没沾半点油。周围的人都连声叫好，老头儿却说："我也没什么特别的本领，只不过是熟能生巧罢了。"陈尧咨终于明白了，笑着把老头儿送出门外。

30. 双管齐下

　　唐代著名画家张璪以善画山水松石闻名于世。他作画时，必须先要屏息静坐一会儿，灵感一来，便挥笔疾如闪电，顷刻而成。与他同时代的另一位著名画家毕宏，早就听说张璪画松别具一格，请求张当场作画，让他一开眼界。张璪答应了他的要求，当众挥毫。只见他双手各握一支笔，左右一起挥动，同时落墨，一只笔画新枝，另外一只笔则画枯干。新枝如含春露，含苞待放，枯干似凝秋霜，遒劲苍桑，各有各的妙趣。在场众人无不拍手称绝。更令人叹服的是，张璪用的竟然是两支秃笔，没有笔毛。灵感勃发时他还以手指代笔，蘸墨在纸上纵横摩按，把松树的苍劲、山石的凝重、泉水的流动，都表现得活灵活现，栩栩如生。张璪画完，投笔落座。毕宏上前请教张璪师从何家，张璪谦逊地答道："我是以大自然为师，长期观察自然万物，使万事万物都生长在自己心中，才得以达到如此得心应手的境界啊！"毕宏听后，非常佩服，不禁感叹道："张先生画松，无人能比，我从此可以搁笔了！"

31. 亡羊补牢

　　战国时期，楚国的楚襄王即位后，重用奸臣，政治腐败，国家一天天衰亡下去。楚国有一个大臣，名叫庄辛，看到这样情况非常着急，总想好好劝劝他，但是楚襄王只顾享乐，根本听不进别人说的话。有一天，庄辛实在忍不住了。对楚襄王说："你在宫里和一些人专门讲究奢侈淫乐，不管国家大事，国家迟早一天也会灭亡啊！"

楚襄王听了大怒，骂道："你老糊涂了吧，竟敢这样诅咒楚国，说这些险恶的话惑乱人心吗？"庄辛不慌不忙地回答说："我实在感觉事情一定要到这个地步的，不敢故意说楚国有什么不幸。如果你一直宠信这个人，楚国一定要灭亡的。你既然不信我的话，请允许我到赵国躲一躲，看事情究竟会怎样。"就这样，庄辛见楚襄王不纳忠言，只好躲到了赵国。

果庄辛到赵国才住了五个月，秦国果然派兵攻打楚国，楚国几乎没有什么抵挡就让秦国攻陷了楚国的都城郢城。楚襄王惶惶如丧家之犬，逃到城阳城（今河南信阳市一带）。到这时，他想到庄辛的忠告，才觉得庄辛的话不错，于是，又悔又恨，便派人把庄辛迎请回来，说："过去因为我没听你的话，所以才会弄到这种地步，现在，你看还有办法挽救吗？"

庄辛说："主公果真有悔改之意吗？"

楚襄王说："我现在太后悔了，不知道现在还迟不迟？"

庄辛说："那我给你讲一个故事吧"于是，庄辛就讲道：从前，有人养了一圈羊。一天早晨，他发现少了一只羊，仔细一查，原来羊圈破了个窟窿，夜间狼钻进来，把羊叼走了一只。邻居劝他说："赶快把羊圈修一修，堵上窟窿吧！"那个人不肯接受劝告，回答说："羊已经丢了，还修羊圈干什么？"第二天早上，他发现羊又少了一只。原来，狼又从窟窿中钻进来，叼走了一只羊。他很后悔自己没有听从邻居的劝告，便赶快堵上窟窿，修好了羊圈。从此，狼再也不能钻进羊圈叼羊了。

楚襄王一听到这个故事就明白了庄辛的意思，于是他接着对庄辛说："庄爱卿，那么我们该怎么办呢？"

于是，庄辛给楚襄王分析了当时的形势，认为楚国都城虽被攻陷，但只要振作起来，改正过去的过错，秦国是灭不了楚国的。楚襄王听了，便遵照庄辛的话去做，果真度过了危机，振兴了楚国。

"亡羊补牢"这句成语，便是根据上面约两句话而来的，表达处理事情发生错误以后，如果赶紧去挽救，还不为迟的意思。

32. 下笔成章

曹植，字子建，是曹操之妻卞氏所生第三子。自幼颖慧，十岁的时候，便诵读好多的诗、文、辞赋，深得曹操的喜爱。

有一次，曹操看了曹植的文章以后，问道："你的文章我看过了，写得不错，是不是请别人代你写的呀？"曹植忙跪下说："不是的，我能够言出为论，下笔成章，如果您不相的话，可以当面考我，怎么能说我是请别人代写的呢？"

当时，在邺城新建了铜雀台，曹操把几个儿子都叫到台上，命他们各做一篇赋。曹植拿起笔来，马上就写成了，而且很有文采，曹操非常惊异。由于曹操非常喜欢曹植，几次想要立他为太子。然而曹植行为放任，屡犯法禁，引起曹操的震怒，改立其兄曹丕为王储。

后来有一次，曹操出外打仗，曹丕、曹植都去送行。临别的时候，曹植当场念了一段颂扬曹操功德的文章，大家听了十分赞赏。有人在曹丕耳边小声说："大王要离开了，你只要表示伤心就是了。"曹丕果然抹着眼泪向曹操告别，曹操果然很受感动，也掉下了泪。这件事后，曹操宠爱曹植的心渐渐改变。曹操觉得，虽然曹丕文才不如曹植，但是心地老实，对他有感情。

曹丕即魏王位以后，有人告发曹植经常喝酒骂人，还把他派去的使者扣押起来。曹丕抓住这个机会，立即派人赶到临淄，把曹植押回邺城审问。

据说，曹丕把曹植召来以后，为了要惩罚他一下，要他在走完七步的时间里做出一首诗。如果做得出，就免他一死。

曹植略略思索一下，就迈开步子，走一步，念一句，随口就念出了一首诗：

"煮豆燃豆萁，豆在釜中泣。本是同根生，相煎何太急。"

曹丕听了，觉得自己对弟弟也逼得太狠，心里感到惭愧，就免去曹植的死罪。但曹植下笔成章、七步成诗的故事却开始代代相传。

后来，人们常用"下笔成章"这句成语形容写文章很快。

33. 胸有成竹

北宋时候，有一个著名的画家，名叫文同，他是当时画竹子的高手。

文同为了画好竹子，不管是春夏秋冬，也不管是刮风下雨，或是天晴天阴，他都常年不断地在竹林子里头钻来钻去。三伏天气，日头像一团火，烤得地面发烫。可是文同照样跑到竹林子对着太阳的那一面，站在烤人的阳光底下，全神贯注地观察竹子的变化。他一会儿用手指头量一量竹子的节把有多长，一会儿又记一记竹叶子有多密。汗水湿透了他的衣衫，满脸都流着汗，可是他连用手抹也没抹一下，就跟没事儿似的。

有一回，天空刮起了一阵狂风。接着，电闪雷鸣，眼看着一场暴雨就要来临。人们都纷纷往家跑。可就在这时候，坐在家里的文同，急急忙忙抓过一项草帽，往头上一扣，直往山上的竹林子里奔去。他刚走出大门，大雨就跟用脸盆泼水似的下开了。

文同一心要看风雨当中的竹子，哪里还顾得上雨急路滑！他撩起袍襟，爬上山坡，奔向竹林。他气喘吁吁地跑进竹林，没顾上抹一下流到脸上的雨水，就两眼一眨不眨地观察起竹子来了。只见竹子在风雨的吹打下，弯腰点头，摇来晃去。文同细心地把竹子受风雨吹打的姿态记在心头。

由于文同长年累月地对竹子作了细微的观察和研究，竹子在春夏秋冬四季的形状有什么变化；在阴晴雨雪天，竹子的颜色、姿势又有什么两样；在强烈的阳光照耀下和在明净的月光映照下，竹子又有什么不同；不同的竹子，又有哪些不同的样子，他都摸得一清二楚。所以画起竹子来，根本用不着画草图。

有个名叫晁补之的人，称赞文同说：文同画竹，早已胸有成竹了。

34. 悬梁刺股

古往今来，许多读书人为将来能学有所成而刻苦自励，战国时的苏秦和汉朝的孙敬可说是这方面的代表。苏秦虽出身贫寒，但素有雄心大志。他曾一度自以为学成而出去对秦国进行游说，但却遭遇了失败。回来后，家人对他大加奚落，但苏秦却更加发奋学习，埋头苦读经史兵书。夜晚，家人都睡下了，苏秦却仍在微弱的烛火下挑灯夜读。他还找来一把锥子，每当困意袭来时，就猛刺一下自己的大腿，让痛感驱除困意，振奋精神，继续读书。汉朝时的孙敬也是一个十分好学的人。为解除困意，潜心攻读，他想出了一个更为绝妙的办法：他找来绳子，将头发悬系到屋梁上，如果因困倦脑袋低垂，绳子就会拉疼头皮，使他立刻清醒过来。他们一个"刺股"，一个"悬梁"，于是便有了成语"悬梁刺股"。

35.　一字千金

　　公元前 3 世纪后期秦的统一，是中国古代历史进程中划时代的大事。吕不韦作为秦国上层执政核心中的重要人物，在这一历史演进过程中发挥的作用是不可以忽视的。

　　吕不韦出身阳翟富商，经常往来于各地做买卖。一次到赵国的都城邯郸去做买卖，遇到碰到在赵做人质的秦国公子异人。异人是秦国太子安国君的儿子，但是因为讨厌异人的母亲夏姬，因此异人被送到赵国当人质。赵国由于与秦国交战因此十分轻视异人。为此其处境有些困窘。吕不韦却从商人角度看到了他身上的价值。认为奇货可居，是稀有的值得投资"货物"，现在获取以便有朝一日赚取名利，也就是一个政治交易。于是决心进行政治投机，出谋出资支持异人取得王位继承权。异人自然非常高兴，并表示有朝一日成为国君，必将与吕不韦共享天下。

　　于是，吕不韦立即带了大量财宝去到秦国求见太子安国君十分宠爱的华阳夫人。吕不韦竭尽全能说服没有生过儿子的她认异人为自己亲生儿子，并通过她要求安国君派人将异人接回秦国，改名子楚。此后，安国君答应华阳夫人要求立子楚为太子。几年后，秦昭王去世，安国君做了国君，即秦孝文王。孝文王即位时一年后死去，子楚如愿以偿，继任国君，称为秦庄襄王。

秦庄襄王当了秦王之后，为报答吕不韦的思德，封吕不韦为丞相，成为一人之下，万人之上的显赫人物。庄襄王在位仅三年便病死了，由他十三岁的儿子政（赵姬所生）接王位，便是历史上有名的秦始皇，尊吕不韦为仲父，行政大权全操在吕不韦的手中。

在那个年代，商人的地位是很低的，通常都被人们瞧不起。吕不韦虽然做了宰相，但文武百官都清楚他的过去，既看不起他，也不服他。吕不韦也十分清楚自己的处境，知道必须想办法来提高自己的声望。

当时养士之风甚盛，魏国的信陵君、楚国的春申君、赵国的平原君以及齐国的孟尝君，这四君子以其礼贤下士、广纳贤才并以此互相夸耀、竞争而闻名于各诸侯国。当时，各诸侯国中秦国实力最为雄厚，吕不韦心想：自己身为强大秦国的相国，但门下的宾客反而不如四君子多，委实令人羞愧。于是他派人四处招纳士人，并给予他们优厚的待遇，后来他门下的宾客多达三千人。

有一天，吕不韦召集门客进行商议，看看如何能提高他的威望。有的门客建议吕不韦统兵出征，灭掉几个国家，立下赫赫战功，以此来树立威信。有人立即反对说："这办法有百害无一利，即使把仗打胜了，回来也升不了官，因为没有比丞相还高的职务了。重要的是战争风险大大，谁也没有必胜的把握，万一战争失利，结果会适得其反。"他接着问其它："还有其他的好办法吗？"

过了一会儿，有一位门客说："我们大家都清楚，孔子是个大学问家，他著有《春秋》；孙子很会打仗，他写了《孙子兵法》。我想，如果我们也效仿前人，著书一部，既可以提高自己的地位，又可以为后人做些贡献。"

吕不韦听了很高兴，就立即组织他的门客开始这项工作。他再分门别类，编成"八览"、"六论"、"十二纪"三个部分，共计二十多万字。吕不韦自以为这部书包罗天地万物古今之事，故得意地取名为《吕氏春秋》。

后来，吕不韦将《吕氏春秋》公布于咸阳的城门旁，并将千金悬挂于书的上面，广邀各诸侯国的游士宾客前来评阅。吕不韦许诺：如果有人能在书中增加一个字或减去一个字，就奖赏给他一千金。"一字千金"由此而来。

"一字千金"后来形容诗文的价值极高，以表示对文辞的赞美。

36. 纸上谈兵

相传赵国有一位差不多与廉颇齐名的上将军赵奢，多次为国家立下赫赫战功。赵奢有一个儿子赵括，也读了许多兵书。他除了读书，还喜欢在家里向客人演讲兵法。赵括谈起用兵的道理来，头头是道，所以宾客们都赞扬赵括精通兵法，称赞他真是一个将门虎子。不知天高地厚小家伙，真的以为自己非常了不起，自认为天下第一。连他父亲也不在他眼里。当时不少人都夸奖他，可是赵奢却不以为然。他告诫儿子要多务实际，赵括的母亲问赵奢为什么，赵奢说：战争是关系到国家命运的大事，必须以极其严肃诬谨慎的态度去对待，而赵括却把它看得很轻率，这就一定要坏事。

公元前262年，秦昭襄王派大将白起进攻韩国，占领了野王，截断了上党郡和韩都的联系。上党的韩军将领不愿意投降秦国，派使者带着地图把上党献给赵国，于是赵孝成王派军队接收了上党。两年后，秦国派王龁把上党团团包围。

赵孝成王连忙派廉颇率领二十多万大军去救上党。于是，廉颇带大军驻守长平，秦国也派大军向长平进攻。战场经验丰富的老将军廉颇，根据敌我形势，在长平调兵布阵，准备与秦军打一场持久战。任凭秦兵挑衅，廉颇只是坚守阵地。这一下使秦军犯了难，因为秦军后方的补给线长，运输困难，难以持久。两军对峙，时间长达三年之久，秦军已经慢慢地显出了疲态，前线的指挥官眼见即将不支，只好如实向秦王汇报。

秦昭襄王请范雎出主意。范雎说："要打败赵国，必须先叫赵国把廉颇调回去。"于是，秦昭襄王派间谍携带千金贿赂赵国的权臣，并散布谎言说："赵将唯马服君最良，其子赵括勇过其父，若使为将，诚不可挡。廉颇老而怯，屡战俱败，为秦兵所逼，不日将降秦矣！"意识是说：廉颇已经老了，根本不中用了，他哪里还敢与秦兵打仗？因此只会死守，不会进攻！所以打了三年，还没有打退秦兵。赵国如果要打败秦兵，除非是启用后起之秀赵括。这时赵惠文王已死，赵孝成王即位，赵孝成王对廉颇的坚守政策早已不满，又听信了谎言，于是撤换廉颇，让赵括接替了廉颇职位。

这时赵奢已死，其夫人请求赵王不要派她的儿子去长平。理由是其丈夫生前嘱咐，说儿子只会吹牛，没有实际经验，把用兵打仗看得像小孩子玩耍一样。而且当他一谈起兵法，就马上目空一切，好像四海之内，只有他一个人会打仗。这种人不带兵倒也罢了，一旦带兵，一定要打败仗。赵王不信，赵母只好请求赵王，如果将来儿子打了败仗，请不要罪及家族。

公元前 260 年，赵括统率 20 万大军，来到长平，廉颇只好交出兵符，自个儿回家。赵括总共率领四十万大军，他完全改变了廉颇的作战方针。他下达命令：如果秦兵再来进犯，一定要迎头痛击。如果敌人被打败，一定要马上乘胜追击，非杀得他们片甲不留不可。

范雎得到赵括替换廉颇的消息后，知道自己的反间计成功，于是秘密派白起为上将军，去指挥秦军。

然而，赵括只知纸上谈兵，不会临阵应变，那边白起故意打了几阵败仗。赵括不知是计，拼命追赶。白起把赵军引到预先埋伏好的地区，派出精兵二万五千人，切断赵军的后路；另派五千骑兵，直冲赵军大营，把四十万赵军切成两段。赵括这才知道秦军的厉害，只好筑起营垒坚守，等待救兵。秦国又发兵把赵国救兵和运粮的道路切断了。

守了四十多天，兵士都叫苦连天，无心作战。赵括带兵想冲出重围，可内无粮草，外无救兵，谈何容易。最后，秦军万箭齐发，把赵括射死了。赵军听到主将被杀，也纷纷扔了武器投降，四十万赵军全部覆没。这就是历史上有名的"长平之战"。

这段历史后来产生了成语"纸上谈兵。""兵"指战争、军事。"纸上谈兵"指仅在纸面上、口头上空谈军事，实际并不懂的人。用它来讽刺那种喜好空谈、不解决实际问题的人，或者比喻只是空谈、不能成为现实的情形。

第五章　幽默诙谐篇

1．按图索骥

　　相传孙阳是春秋时期著名的相马专家，能一眼看出一匹马的好坏。由于传说中伯乐是执管天上马匹的神，所以人们称孙阳为伯乐。伯乐凭自己识马的丰富经验，编了一本《相马经》。书中，他介绍了各种各样千里马的特征，并配了大量的插图，供人们在识马时参考之用。伯乐有个智商很低的儿子，他看了父亲的《相马经》之后，便想根据书上写的特征去寻找千里马。他看到书上说，千里马的主要特征是脑门高，眼睛大，马蹄像摞起来的酒曲块。于是，他拿着书，到外面去寻找。走了不远，他见到一只大癞蛤蟆，便抓回去对父亲说："我找到了一匹好马，和书上说的差不多，不过蹄子不像摞起来的酒曲块！"伯乐看到儿子手中的大癞蛤蟆，觉得又好气又好笑，幽默地说："这'马'爱跳，没法骑呀！"

2．拔苗助长

　　古代宋国有一个农夫，是个急性子的人。他盼着禾苗快些成长，于是每天都去量量看长了多少。可他总觉得禾苗好像没有长高，心中十分着急。晚上，他躺在床上一直在想：怎么能帮助禾苗长高呢？想着想着，突然想出了一个办法。第二天他早早起来，来到田地里，头顶着炎炎的烈日，把禾苗一棵一棵地往上拔高。他从早晨干到太阳快要落山，把田里的禾苗全都拔了一遍，干得精疲力竭。可是，他心里却很高兴，自以为这办法非常高明。回到家里，他兴奋地告诉家人："你们等着瞧，今年的庄稼，哪家也比不过我。"妻子问他用了什么好方法，他骄傲地说："我今天为了帮助禾苗快些长高，把它们都往上拔了拔。"他的儿子听了，不明白是怎么回事，跑到田里一看，却发现田里的禾苗全都枯死了。后人根据这个故事，引申出"拔苗助长"这句成语。

3. 班门弄斧

有一次，明朝诗人梅之焕去采石矶凭吊李白。传说唐代诗人李白晚年游览采石江时，看见水中清澈透明的月亮，竟探身去捉，堕入江中而亡。后来，采石矶成了纪念李白的地方，并留下了李白墓、谪仙楼、捉月亭等不少名胜。这一天，梅之焕来到采石矶旁的李白墓边，看到矶上、墓上留有许许多多狗屁不通的诗文，心中很是气愤。于是，他挥笔写下了一首诗："采石江边一堆土，李白之名高千古；来来往往一首诗，鲁班门前弄大斧。"借此讽刺那些在李白的墓上胡诌乱题、好表现的人。后来，"鲁班门前弄大斧"这句话被后人浓缩为成语"班门弄斧"，并流传下来。

4. 杯弓蛇影

有一年夏天，县令应郴邀请负责办理文书的官员杜宣来饮酒。酒席摆在厅堂里，厅堂的北墙上挂着一张红色的弓。在光线折射下，弓的影子映在酒杯中。杜宣看了，以为有一条蛇在酒杯中蠕动，吓得直冒冷汗。但是在上司面前，他只得硬着头皮将酒喝下去。当仆人为他倒第二杯酒时，他便假托有事告辞了。回到家中，杜宣总怀疑自己刚才喝的酒中有蛇，越想越不舒服。后来他觉得胸腹非常疼痛，无法忍受，就这样病倒了。过了几天，应郴来看他，他便把那天喝酒时杯中有蛇的事告诉了应郴。应郴回家后，反复思考，始终弄不明白杜宣杯中为什么会有蛇。突然，挂在北墙上的那张弓提醒了他。他立即端来一杯酒，坐在杜宣那天坐的位置，结果，果真在酒杯中看到有弓的影子，如不仔细观察，还真像有一条蛇在那里蠕动。于是，应郴马上派人接杜宣过来，叫他坐在原来的位置上，让他仔细观看杯中的影子，说："你看到的并不是什么蛇，不过是墙上那张弓的影子罢了。"杜宣这才如梦初醒，疑虑顿消，病也很快就好了。

5. 呆若木鸡

周宣王姬静特别喜欢看斗鸡。他让太监们养了很多精壮矫健的公鸡，退朝后就以斗鸡取乐。时间一久，他便发现无论多么勇猛善斗的鸡都不可能常胜不败，因此心里总觉得不满足。后来，他听说齐国有个叫纪渻子的人是个驯鸡能手，就派人把他请来，要他尽快训练出一只永远不会失败的斗鸡。纪渻子从鸡群中挑了一只金爪彩羽的高冠鸡。在驯鸡之前，他请宣王不要随便派人打扰他。十天之后，性急的宣王等不及了，就派人去询问斗鸡的情况。纪渻子回答道："不行，它还非常骄傲。"过了十天，宣王又派人去问，纪渻子说："不行，它看到旁边的东西或听到什么声音，还会敏捷地作出反应。"又过了十天，宣王等得实在不耐烦了，便把纪渻子召来，亲自询问他。没想到纪渻子还是说不行，说这只鸡还会生气、发怒。过了几天，纪渻子主动来到宣王面前说："差不多了。如今这只鸡听到其他鸡的叫声已经没有反应了，精神处于高度集中的状态，看上去像木鸡一样。别的鸡见了都不敢与它交锋，看见它就逃走了。"

6. 得意忘形

阮籍，陈留尉氏（今河南尉县）人，又名嗣宗，是魏晋时期的一位著名诗人。他从小失去父亲，家境贫寒。但他勤奋好学，后来终于成为当时著名的隐士。阮籍本来很有抱负，希望能在政治上有所作为。但他对执政的司马氏集团非常不满，又不敢明白地表示自己的见解和主张，只得采取明哲保身的态度，或者闭门读书；或者纵情于山水；或者酣醉不醒；或者缄口不言。此外，他还以写诗来抒发自己内心的想法。如：在非常著名的《咏怀诗》八十二首中，阮籍就用迂回含蓄的语言来表达了忧国和避世的心情。他的好友嵇康和他一样，也是当时著名的文学家，对司马家族的统治也抱有轻蔑和厌恶的态度。除嵇康外，阮籍的好友还有山涛、向秀、刘伶、王戎以及自己的侄子阮咸。他们七个人经常聚在一起，在山阳竹林之下，闲谈、狂饮、作诗、弹琴，高兴时就纵声狂笑，不高兴时就痛哭一场，被时人称为"竹林七贤"。在这七人当中，阮籍大概是最为疯癫的了，尤其是在喝醉的时候，常常哭笑无常。因此史书中描写他时说是"当其得意，忽忘形骸"。

7. 东施效颦

越国有位美女，因为家住若耶溪西岸，所以被称为西施。若耶溪东岸也有一位姓施的姑娘，但长得很丑，人称东施。东施因自己长得丑，所以特别爱模仿漂亮姑娘的服装打扮、姿态动作，美女西施也自然成为她时时刻刻模仿的对象。一天，西施因为心口疼，走路的时候便用双手捂住胸口，皱着眉头。路上行人看见她的样子，都很同情她，并且认为她的这种姿态仍然很美。西施的样子正巧被东施看见了。她一边看一边默默记下西施难受时的姿态和动作。回到溪东后，她马上模仿西施，用双手捂住胸口，同时皱着眉头。路上的人看见东施这副模样，还以为来了什么妖怪，都跑回家躲起来了。东施只知道西施皱着眉头很美，却不知道是因为西施本来长得就美，即使她捧心皱眉，人们也觉得她是美的；而东施本来长得就丑，再捧心皱眉，就显得更丑，难怪人们都被她吓跑了。

8. 对牛弹琴

古代有一位著名的音乐家叫公明仪，他对音乐有很高的造诣，精通各种乐器，尤其弹得一手好琴。优美的琴声常常使人如临其境，余音绕梁三日，不绝于耳。一个春天的午后，晴空万里，风和日丽。公明仪在郊外散步，看见在一片绿油油的草地上有一头牛正在低头吃草。这清静怡人的氛围激发了他创作的灵感，他决定要为牛弹奏一曲。他首先弹奏了一曲高深的"清角之操"，尽管他弹得非常认真、动情，琴声也非常富有感染力，可是那头牛却依然只顾着自己埋头吃草，根本不理会这悠扬美妙的琴声和正在弹琴的公明仪。公明仪看到牛对此置若罔闻，非常生气，认为牛太不懂事了。但是当他静静地观察思考后，他才明白并不是那头牛没有听见他的琴声，而是因为牛的欣赏水平有限，实在听不懂曲调高雅的"清角之操"。明白了这一点，公明仪重新弹了一曲非常通俗的乐曲。那头牛听到这如同牛蝇、小牛叫声般的琴声后，停止了吃草，竖起耳朵，好像在很认真地听着。公明仪看到后非常高兴。

9. 风声鹤唳

公元 383 年，前秦苻坚统一北方后，强征北方各族人民，组成八十七万大军南下，想一举灭掉东晋。东晋派谢玄等率兵八万迎战苻坚。苻坚自以为胜利在望，便派朱序去劝晋军投降。但朱序却将秦军的细实告知晋军。晋军将领谢玄根据朱序所报部署，突袭秦军前哨阵地，歼灭秦军万余人，与秦军对峙于淝水。谢玄要求秦军稍退，让晋军渡过淝水进行决战。苻坚以为可以乘晋军半渡时进行偷袭，便一口应允。谁知秦军将士皆是强征得来的乌合之众，人心浮动，无心应战。东晋军队乘胜追击，大败秦军。苻坚在逃跑途中，听到风声与鹤鸣声，以为是晋军追来，非常害怕。在这场战争中，晋军以少胜多，东晋得以偏安于南方，从此形成南北对峙的局面。

10. 狗尾续貂

西晋咸宁三年（公元 227 年）八月，晋武帝司马炎封司马懿的第九子琅琊王司马伦为赵王，掌管邺城（在今临漳县西）军事。赵王司马伦到任后，滥封官爵，只要是王亲宦戚、亲信部属，即便是奴卒厮役，亦封以爵位。因此，每次上朝，貂蝉盈座（古时大官的官帽上，有蝉形图案的金珰为装饰，并插上貂尾，称为"貂蝉冠"），殿上挤得满满的尽是"大官"。当时老百姓看不惯这股腐败之风，编歌谣讽刺道："貂不足，狗尾续。"貂尾是珍贵的皮毛，因为司马伦的滥封，大官太多，貂尾不够用，只好用狗尾巴代替。腐朽的西晋王朝，只维持了五十二年就结束了。

11. 画饼充饥

三国时魏国有位大臣叫卢毓，他为官清正廉洁，很快便提升为侍中，侍奉皇帝左右。三年后，他被升为中书郎，负责掌管政令、机要等事务。后来，又被任命为吏部尚书，负责全国官吏的升降、任免、调动等事务。一次，魏文帝要卢毓选拔一人担任中书郎，并对他说："这次选择中书郎，能不能挑选到最中意的人选，全在于你的眼力了。在选拔的时候，那些光有名气而没有真才实学的人千万不能选。名气好比是地上画的饼，是无法解除饥饿的。"卢毓并不赞同文帝的意见，说道："陛下您的话很有道理。要选拔真正的人才，不能只看名气。不过，以臣之见，名气也能反映一个人的实际情况。根据名气选拔人才，一般还是行得通的。有些人不但有名，而且修养高、德行好，这样的人应该要考虑进去。所以，臣建议陛下应该对他们的情况具体考核，不能一听他有名就讨厌他、排斥他。"魏帝觉得卢毓的话有道理，于是采纳了他的建议，下令制定官员考核法。

12.　画蛇添足

战国时，楚国有一个贵族在祭祀祖先之后，将祭礼用的一壶酒赐给几个为他办事的人喝。那几个人看了看酒，认为酒太少了，于是有人提议说："这壶酒如果让我们每个人都喝的话，大概一人只能喝一口，所以，最好是只给一个人喝。我有一个好办法，那就是我们几个人在地上比赛画蛇，谁最先画好，这壶酒就归谁，你们觉得怎么样？"大家认为这个建议很好，于是，几个人便蹲在地上画起蛇来。其中有个人很快画好了蛇，正要拿起酒壶喝酒的时候，他看到其他人还在手忙脚乱地画着，于是，便自作聪明地用左手端着酒壶，右手在地上为蛇画起了脚。这时，另一个人也画好了蛇，他毫不客气地夺过酒壶，说："蛇本来没有脚，你为什么要给它添上脚呢？"说完，他端起酒壶，大口大口地喝了起来。而原来那个为蛇添脚的人，后悔不已，只得在一旁吞咽口水了。

13. 黄粱一梦

从前，有一位姓卢的穷书生。一天，他在邯郸一家旅馆里遇到了道士吕翁，卢生向这位道士大叹自己一生是如何穷困潦倒。吕翁听后，便拿出一个枕头，说："你把它枕在头下，便可以一切如愿了。"这时，店里正在煮黄粱饭，而卢生由于一路旅途艰辛，非常疲惫，便糊里糊涂地倒在吕翁给他的枕头上睡着了。没多久，卢生便进入了梦乡。他梦见自己娶了一位年轻漂亮、善良温柔的崔姓女子为妻。崔氏虽是富家千金，但她贤淑能干，还帮助卢生顺利地踏上了仕途，并为他生了几个子女。后来，他的儿女们一个个长大了，每个人都生活得舒适优裕，而卢生也步步高升，一直做到宰相的位置。又过了几年，他又有了孙子、外孙，便闲居在家当起了老太爷。他舒舒服服地活到了八十多岁，才安然死去。当卢生从梦中醒来时，嘴边还露着一丝幸福的笑容。他睁开双眼一看，发现自己仍然住在旅店的小房间中，刚才的荣华富贵只不过是一场梦而已。店主人煮的黄粱米饭，还没有煮熟。于是，"黄粱一梦"便由此而来。

14. 井底之蛙

有一只青蛙，住在一口废井里，它只知道井底小小的一块地方，看见井口上小小的一块天空，根本不知道井外有多么大的世界。一天，一只来自东海的海龟，出现在井口上。青蛙便向它夸口道："喂，你瞧我这里有多好啊！我可以自由地跳跃，可以安闲地坐在井壁的坡里休息。要游泳，水是很充足的，可以浸没我的脚，浸到我的下巴；要散步，可以在软软的烂泥上舒服地踱来踱去，快乐无边。你也下来玩玩，参观参观我的住处，看看我的这一汪大水吧！"海龟听了青蛙这番洋洋自得的夸耀，动了心，倒真想下去看看，可是左脚还没有跨进去，右脚的膝盖却已在井口上被绊住了。海龟连忙后退一步，站住脚，对井下的青蛙说："朋友，你知道海吗？海之广，何止千万里；海之深，何止千万丈。闹水灾，海水也涨不了多少；干旱几年，海水也不见得会浅些。住在那样的大海里，才是真正的逍遥快乐呢！"那只井蛙听了这一番话，惊讶得目瞪口呆，哑口无言。

15. 刻舟求剑

战国时期，有个楚国人坐船过江。船到江心时，这个楚国人随身携带的一把宝剑掉进了江中。他伸手去抓，但已经来不及了。船上的人对此都感到非常惋惜，对他表示同情。没想到这个楚国人对此毫不介意，他从行李中掏出一把小刀，在船舷上刻了一个记号，然后转过身来对大家说："这是我的宝剑落水的地方，所以我要刻上一个记号。"大家对他的所作所为都很不理解，不知道他这样做到底是干什么，但也没有人再问他。船靠岸后，那个楚国人立即从船上刻有记号的地方跳下水去，捞取掉落的宝剑。可是他在水底捞了半天也没有捞到，还觉得非常奇怪，便自言自语："我的宝剑就是从这里掉下去的啊？我还在这里做了记号呢！怎么就找不到了呢？"船上的人这才恍然大悟，纷纷大笑起来，说："船一直在行进，你的宝剑沉入水底就不会再动了，你在这里怎么可能找到你的宝剑呢？真是可笑！"

16. 滥竽充数

战国时期，齐宣王非常喜欢听人吹竽，便派人四处搜罗能吹善奏的乐工，组织了一支三百人的吹竽乐队。当时有一个游手好闲、不学无术的浪荡子弟，名叫南郭。他听说了齐宣王的这种嗜好，就设法求见宣王，向他吹嘘自己吹竽技艺高超，混进了吹竽的乐师班里。而实际上，南郭先生根本不会吹竽。每当乐队为齐宣王演奏的时候，他就模仿其他乐工的样子，摇头晃脑，装得惟妙惟肖。由于是几百人的合奏，齐宣王根本听不出他的破绽。南郭先生就这样混了好几年，心安理得地领受优厚的赏赐。齐宣王死后，齐湣王即位。王同样爱听吹竽。不同的是，他不喜欢听合奏，而是要求乐师们一个个地在他面前独奏。南郭先生听到这个消息，吓得魂不附体，知道自己犯了欺君之罪，一旦露馅，别说饭碗，就连脑袋都保不住了。所以，趁湣王还没有叫他演奏时，就赶紧溜之大吉了。

17. 临渴掘井

春秋时期，鲁昭公亲近小人，不听品格高尚之人的规劝，结果被赶出国家，逃到了齐国，这才明白自己原来的所作所为是错误的。齐景公觉得昭公已知道悔过，认为若让他回去，应该能成为一个贤良的国君。齐国大夫晏子却认为：掉在水里的人，一定要等到掉进水里以后，才会想起应该防备失足；迷路的人，迷失了方向之后，才知道应该注意路径。犹如面临灾难的人，才急着铸造兵器；吃东西塞住咽喉的人，才急着去挖井取水。虽然这时候用最快的速度，但是已经来不及了。平时对各种事情不做准备，不加提防，等到事情就要发生时，才忙着采取措施去应付，那是行不通的。

18. 买椟还珠

　　春秋时期，楚国有个经常往来于楚、郑两国之间的珠宝商。有一回，他又想去郑国做一批珠宝生意。为了招揽顾客，他便用一些上等木头做了许多式样新颖的匣子，并在外面雕以精致的玫瑰花纹，四周镶上多彩的羽毛，还用名贵的香料把匣子薰一薰，想把珠宝放在里面卖个好价钱，做笔好生意。一切准备就绪后，珠宝商便满怀希望地去了郑国。可当他在一条最热闹的街市上展示他的珠宝时，结果却出人意料。围观的人们欣赏的只是匣子的样式以及装饰的美丽；而对匣中的珠宝却不感兴趣。珠宝商高声推销匣中的珠宝，可顾客们依旧只对那些匣子兴趣十足，甚至有人宁愿高价购买匣子，而把珠宝无条件地归还给那个商人。其实，这种结果是珠宝商"喧宾夺主"的精明所造成的。

19. 盲人瞎马

　　东晋时，晋陵无锡（今江苏无锡市）出了个才子，叫顾恺之。他多才多艺，工于诗赋、书法，尤其精通于绘画，有"才绝、画

绝、痴绝"的盛誉。说他"痴绝",是因为他喜爱诗、画成癖,到
了醉心忘我的程度,宁肯放弃任何事,包括做官,都不肯放松一点
功夫学习。他曾经在东晋最有权势的大将军桓温与荆州刺史殷仲堪
手下做过参军(幕府官,接近于现代的参谋一类)。有一次在京城
时,顾恺之到殷仲堪家中作客,正赶上桓温的儿子、管辖南郡的桓
玄在座。这时,有人提议每人轮流用一句诗讲一件最危险的事,即
使是想像的也可以。桓玄说道:"用长矛的矛头淘米,用宝剑烧火
煮饭。"殷仲堪接着说:"百岁的老爷爷爬一根干枯的树枝。"顾恺
之想了想说:"水井的辘轳上躺着一个婴儿。"这时殷仲堪手下的一
个参军说:"盲人骑着瞎马,三更半夜走到深水边缘。"事不凑巧,
此时的殷仲堪已经有一只眼睛失明了,听到这里,坐不住了,很不
高兴地斥责那个参军说:"你说得太可怕了!"这次聚会,大家闹得
不欢而散。

20. 盲人摸象

佛经寓言《涅槃经》里有这样一个故事,说的是几个盲人一直
想知道大象长的是什么样子。一天,他们听说街上来了一头大象。
于是他们请求赶象人停一停,让他们摸一摸大象。一个盲人摸到了
大象的长牙,他说,我知道了,大象就像一根大萝卜;另一个盲人
听说后也上前摸,他摸到了大象的耳朵,又大又扁,正像一个大簸
箕;第三个人摸的是大象的头,圆圆硬硬像块大石头;第四个人摸
着大象的鼻子,说大象明明就像一根长木头;第五个人摸到了象
腿,说大象像个舂米用的石臼;还有一个摸到脊背,就说大象像一
张床。后两个盲人分别摸到了肚子和尾巴,于是这个说大象像水

缸，那个说大象像条绳子。其实他们谁也没有说对。后来，人们把对事物只通过片面了解就下结论的现象比喻为"盲人摸象"。

21. 难兄难弟

晋朝时，在颍川有个叫陈寔的县官。他勤政爱民，办事公道，深受百姓拥戴。他有两个儿子，大的叫元方，小的叫季方，品行都很好。元方做过朝廷侍中，朝廷又想让他做司徒官，但被他拒绝了，后来朝廷封他为尚书令。由于他们三人的声望都非常高。当时豫州的人们就将他们父子三人的像画在城墙上，让人们观看。有一天，元方的儿子长文和季方的儿子孝先争论了起来，都认为自己父亲的功德高。他们争了好长时间，谁也不服谁，于是便找到他们的祖父陈寔，让祖父来裁断。陈寔想了很长时间，对着两个可爱的孙子一本正经地说："元方难为兄，季方难为弟。他俩的功德都很高，难以分出高低啊！"两个孙子听了很高兴，就走了。"难兄难弟"这个成语后来逐渐转化为贬义。

22. 杞人忧天

杞国有一个人，胆子很小且有点神经质，他常常会想一些莫名其妙、不切实际的问题。一天晚饭后，他拿个大扇子在门前乘凉，自言自语地说："如果有一天，天塌下来把我们都压在下面，活活压死了，那可怎么办呀！"于是他就天天琢磨这个问题，越想越害怕，越想越觉得危险。结果日子长了，他觉也睡不着，饭也吃不下，一天比一天消瘦。朋友们看到他整天恍恍惚惚、神不守舍的样子，都很替他担心。但当朋友得知他是因为担心天塌下来才弄成这副模样的时候，就都劝他说："老兄呀，你何必为这种事烦恼呢？这种事情，自古以来可就没有发生过啊！即使哪天天真的塌下来了，也不是你一个人所能解决的啊！还是不要为这种事自寻烦恼了。"可无论别人怎么劝说，他也不相信。年复一年，日复一日，天始终也没有像他担心的那样掉下来，连日月星辰也都好好的，可是杞人却始终为这个问题所困扰。据说，直到临死时他仍在为这个问题担心。以后人们常以"杞人忧天"来形容这种自寻烦恼的人。

23. 黔驴技穷

从前，贵州一带没有驴，有个好事的人就用船运来一头毛驴，放在山脚下。山里的老虎发现了这头毛驴，看它很高大，不知道有什么本领，所以不敢靠近，远远地躲在树林里观察它的动静。过了一段时间，老虎大着胆子走出树林，一点一点靠近毛驴，再仔细地瞧瞧，仍不知它究竟是什么东西。一天，毛驴突然大叫一声，把老虎吓了一跳，迅速地逃开了。过了几天，老虎对它的叫声习惯了，于是就靠近了毛驴，甚至碰撞它的身体，故意冒犯它。毛驴终于被惹怒了，用蹄子去踢老虎。这一踢，老虎反而高兴了。它估计毛驴的技能就这么一点，没什么可怕的了，便大吼一声扑了上去，咬断了毛驴的喉管，美美地吃了一顿，然后高兴地离开了。

24．守株待兔

　　春秋时期，宋国有一位农夫。他每天早出晚归，十分精心地耕种着自己的一块土地，可到头来，也只落得个顿顿粗茶淡饭，刚刚能填饱肚子。一天正午，烈日炎炎，劳作了整整一上午的农夫感到十分疲倦，就坐在一棵大树下休息。这时，一只野兔没头没脑地冲过来，一头撞在了离他不远的一截树桩上，昏死过去。农夫跑过去拎起了兔子，心中不禁一阵窃喜，心想：哈！想不到不费吹灰之力就捡到了一只兔子，看来我真是时来运转了！以后我要是天天能捡一只兔子，那该多好啊！这以后，他果真再也不去种地了，每天都守在树桩旁，希望有哪只兔子再撞过来。一天、两天过去了，十天、半个月过去了，农夫再也没有等到第二只撞死在树桩上的野兔，而自己田地里的庄稼却因此荒芜了。这件事很快传遍了宋国，人们都笑话他的这种行为。其实，野兔撞到树桩上是一件非常偶然的事情。这个农夫竟然把偶然当成必然，不惜放下本职工作，专门等待偶然的出现，真是愚蠢得很！

25．螳臂当车

　　春秋时期，鲁国的名士颜阖来到卫国。卫灵公听说他学识渊博，就想聘请他担任自己儿子蒯聩的老师。蒯聩为人凶残骄奢，肆意杀人，卫国人对他十分惧怕。颜阖不知道自己能否教导这样的人，于是就去向卫国的贤人蘧伯玉请教。蘧伯玉告诉颜阖说："你

想去教育蒯聩，这是很困难的。如果你真的要当他的老师，应该处
处小心谨慎，尽量不去触犯他，以免招来杀身之祸。"蘧伯玉给颜
阖举了个例子说："你知道螳螂吗？有一次我乘车外出，看到路上
有一只螳螂奋力地举起两条前腿想阻挡车轮前进。它认识不到只靠
自己的力量根本不可能成功，结果自然被车轮轧死。螳螂就是因为
不自量力才被车轮碾得粉身碎骨。如果你也不自量力，要去触怒蒯
聩的话，恐怕结局也会和螳螂一样。"颜阖听了蘧伯玉的分析后，
觉得十分有理，于是决定不去教导蒯聩，尽快离开卫国。后来蒯聩
因为胡乱滋事，被人杀死。

26. 削足适履

春秋时期，楚灵王派宗室弃疾去管理北方蔡国的地方，自己则
又继续去攻打东方的解国。不料弃疾很有野心，不但没有去管理蔡
国，反而回国杀死了楚灵王的两个儿子，并拥立他哥哥的儿子子午
为国君，由子皙做令尹。楚灵王得知后，气急败坏，最后，上吊自
杀。后来，弃疾又逼迫子午自杀，他自己则顺理成章地做了国君，
历史上称他为楚平王。当时，在遥远的晋国也发生了类似的事情。
昏庸的晋献公因宠爱妃子骊姬，要立她的儿子奚齐为太子。骊姬就
在背后想方设法陷害原来的太子申生。晋献公听信谗言，导致申生
自杀。骊姬还挑拨献公与他的另外两个儿子重耳、夷吾的关系，使
重耳、夷吾都流亡他国。《淮南子·说林训》在评论这两件因遭人
陷害，以致弟弟逼死哥哥、父亲杀死儿子的事件时说："这种骨肉
相残的事，好比为了适合鞋子的尺寸，把脚削小；为了适应帽子的
大小，把脑袋削尖一样愚蠢。"这则成语现在意思有所改变，多用

来形容委屈自己去迁就不合理的事。

27. 掩耳盗铃

春秋末年，大将范吉射一家因被追杀，只好逃离晋国。一天，有个人在范家的门口发现了一口钟，很漂亮，于是便想要把它偷走。可是钟太重了，他根本不能背走它。过了一会儿，他想出了一个主意：钟不是太重吗？那就把它敲碎，一块一块地搬走不就行了吗？于是，他很得意地找来一个铁锤，用尽全身力气砸向大钟。"当——"，钟发出了震耳欲聋的响声。因为这钟是铜浇铸而成的，自然是一点也没破损。他又猛力砸了一下，钟仍然发出很大响声，只稍微晃了几下，完好无损。这时他突然意识到，如果再继续砸下去，这"当当"的声响被人听到，就偷不了钟了。他自以为聪明，又想出了个办法：捂住自己的耳朵再砸。他以为自己听不见就可以了。这则成语讽刺了这种自欺欺人的愚蠢行为。由于在古时，钟和铃都是乐器，所以后人将"掩耳盗钟"演变为成语"掩耳盗铃"。

28. 叶公好龙

春秋时期，有个楚国人沈诸梁，字子高，是叶地县尹，因此自称叶公，大家都叫他"叶公子高"。叶公喜欢龙的癖好名扬四方。他不但在身上的佩剑、凿刀上雕着龙，家里的门窗梁柱上也刻着龙，就连墙上都绘着龙的图案。天界的天龙知道人间有这样一个好龙成癖的人，十分感动，决定要下凡来走一趟，向叶公表示谢意。

一天，叶公正在家中午睡，一时间忽然风雨大作，电闪雷鸣。梦中的叶公被惊醒了。他急忙起来关窗户，没想到天龙从窗户外探进头来，吓得叶公魂飞魄散。当他转身逃进堂屋，又看见一条硕大无比的龙尾横在面前。叶公无处可逃，吓得面如土色，顿时瘫软，不省人事。天龙瞧着晕倒在地的叶公，感到莫名其妙，只好扫兴地飞回天界去了。其实，叶公并不是真的爱龙，只不过是喜欢那种似龙非龙的东西。这则寓言讽刺了那些表面上喜欢某事物，而实际上对它怕得要死的人。

29. 夜郎自大

汉武帝为了加强与南方民族的联系和打通去往身毒国（今印度）的道路，于是派使臣王然于和柏始昌等人前去西南。当他们到了滇地时，滇王当羌问使者，汉与滇国哪个大？到了夜郎国，国王同样问这个问题。原来他们并不了解汉朝，一直以为自己的国家最大。使者听了哑然失笑。汉武帝初年，北方匈奴和南方巴蜀不断进犯，朝廷同时出兵讨伐，唐蒙应召出征。他在上书中建议：征服南方必须先结交夜郎国，然后才能打通去往南方之路。汉武帝同意他的看法，并派他率领大队人马和礼物前去夜郎，以安抚夜郎国，并将夜郎国改为汉的郡县。唐蒙向夜郎国王传达了汉武帝的旨意，表示希望接纳夜郎国为汉的一个郡。由于夜郎国王没去过本国以外的地方，不知道外面的情形；当得知汉朝疆域的辽阔后，他同意成为汉的一个郡县。

30. 一窍不通

商代末世君主纣王，是一个残暴的昏君，整天胡作非为，沉迷于酒色，不理朝政。他听信宠妃妲己的谗言，过着荒淫无道的生活。老百姓都对他恨之入骨。老臣比干忠心为国，看到他的劣迹，心急如焚，总是苦口婆心相劝。日子一长，纣王越来越讨厌比干。有一次，纣王听信妲己的谗言，要把无辜的梅伯剁成肉酱。比干得知此事非常着急，急忙劝纣王，希望他不要滥杀无辜，并痛心疾首地说，如果他再这么胡闹下去，商朝就要亡国了。纣王对此却置若罔闻。一连几天比干都不厌其烦地劝导他，这引起了纣王的极大不满。纣王愤怒地对他说："我早就听说比干的心有七个窍，我要杀了你，取出你的心看个究竟。"残忍的商纣王果然杀了比干并取出了他的心。孔子得知这件事后感慨万分，叹道："纣王的心真是一窍也不通啊！如果他的心有一窍是通的，那么比干也就不会被杀了。"

31. 鱼目混珠

从前，有个叫满意的人在一个处于蛮荒之地的不起眼的小铺子里，用所有的钱买了一颗大珍珠。回到家后，他把大珍珠放进一个特意制作的盒子里，好好地收藏起来。只有在过年时，他才拿出来给一些朋友看。满意有个叫寿量的邻居，家里藏有一颗祖传的大珍珠，常想拿出来和满意比一比。可祖宗有遗训，不可轻易示人，只好作罢。不久，两人都得了一种怪病，卧床不起。看了好多医生，吃了好多药，可病情仍不见好转。一日，街上来了一个据说能治各种疑难杂症的游方郎中。两家人分别将其请到家中，郎中看完病后，说此病需要以珍珠粉来和药，才能彻底治愈。他留下一个方子，便匆匆走了。可是满意怎么也舍不得残损那颗稀世珍珠，所以就只吃了方子上其他的药；而寿量则吃了用家传珍珠粉和的药。后来郎中得知满意并未服用珍珠粉，前去一看，发现他的珍珠的确是稀世之宝。而郎中一看寿量的珍珠就说："这是海洋中一种大鱼的眼睛，以鱼目混充珍珠，哪能治好你的病呢？"难怪，尽管用了"珍珠粉"，寿量的病也没治好。

32. 与虎谋皮

西周时期，有个人想做一件价值千金的裘皮服装。有人告诉他用狐狸皮做的裘皮服装最为珍贵，他便暗暗想道："山上有很多的狐狸，不如上山去跟它们好好商量一番。"于是，他便高高兴兴地往山上奔去，果真看到了一群狐狸。他一本正经地跟狐狸们商量道："我亲爱的狐狸们，本人想做一件价值千金的狐皮大衣，因此特地来找你们，想要你们帮我一个忙，把你们身上的皮剥下来送给我好吗？"众狐狸一听，吓得竞相而逃，片刻工夫，便在高山深谷中消失得无影无踪。这个人见此，没有办法，只好垂头丧气地回家去了。过了一阵子，这人准备祭祀祖宗，可缺少羊肉。他想起山脚下常常有一大群羊在那儿吃草，便又兴冲冲地来到羊群中，对众羊说道："亲爱的羊啊，我想祭祀祖宗，但是缺少羊肉。你们哪位能帮个忙，把身上的肉送点给我呢？"那群羊听了，吓得"咩咩"地叫个不停，都争先恐后地逃进了密林，不一会儿就连影子都见不到了。

33. 缘木求鱼

战国时期，七雄纷争，战乱频繁。孟子云游列国，推行仁政，最后被齐宣王拜为客卿。有一回，齐宣王和孟子闲聊。孟子问道："大王您让将士冒死攻打他国，难道打败了别的国家，你才感到高兴吗？"齐宣王回答说，他这样做只是为了满足自己最大的欲望。孟子又追问什么才是齐宣王最大的欲望，是因为不够吃，不够穿，还是因为宫中的珍宝太差，音乐不动听？齐宣王说都不是。孟子说："哦，那么我明白了。大王的最大欲望是征服天下，称雄于诸侯。可是，如果用你的这种办法去满足你的欲望，就好像爬到树上去抓鱼一样，肯定会徒劳无功的。"齐宣王惊问道："事情真有这么严重吗？"孟子说："恐怕比这还要严重。爬到树上去捉鱼，顶多就是抓不到鱼，还不至于有什么祸害。如果想用武力来满足自己称霸天下的欲望，不但达不到目的，相反还会招来祸患。"说完，孟子又举例说明弱国不能与强国为敌，小国不能与大国为敌，齐国不能与天下为敌的道理，要宣王实行仁政。宣王最终听从了孟子的主张。

34. 自相矛盾

很久很久以前，楚国有一个卖兵器的人，到市场上去卖矛和盾。他举着盾大声说："我的盾是世界上最好的盾，无论怎样锋利的矛也刺不穿它！"围观的人都很好奇，这是用什么做成的盾啊？这时，卖兵器的人又拿起矛，大声说道："我的矛，是世界上最尖锐的矛，任何坚固的东西都能刺穿！"他一边大喊着介绍矛的好处，一边挥舞着盾，引来了更多的人围观。他一看，更高兴了，说："快来看，快来买，全世界最好的矛和全世界最好的盾呀！"围观的人群中有一个人拿起一支矛，又拿起一面盾，问他："你这矛是最尖锐的？"卖兵器的点点头。"这盾也是最坚固的？"他又点点头。"那用你的矛刺你的盾呢？"卖兵器的人无言以对，围观的众人捧腹大笑。

第六章　生活启示篇

1. 爱屋及乌

　　商朝末年，纣王穷奢极欲，残暴无道，西方诸侯国的首领姬昌决心推翻商朝的暴政，并积极扩军备战。但很可惜的是，在发兵之前姬昌就逝世了。姬昌死后，他的儿子姬发继位，即周武王。周武王联合诸侯，并借助军师姜尚（即姜太公）及自己弟弟的辅佐，出兵攻打纣王。双方交战于牧野，结果商军大败，纣王自焚，商朝灭亡。纣王死后，周武王仍感到天下没有安定，便召见姜尚，问道："进了殷都，该怎么处置商朝的士众呢？"姜尚说："我听说过，如果喜欢某个人，就会连他屋上的乌鸦也一同喜爱；如果讨厌这个人，就连他家的墙壁篱笆也感到厌恶。我的意思是：对于敌人，我们要赶尽杀绝，一个也不能留。不知大王意下如何？"周武王却不同意这么做。这时召公说："我曾听说，有罪者，必杀；无罪者，可以让他们活下来。我认为应当杀掉所有有罪的人，大王您怎么看？"周武王也不同意。这时周公说："我认为君王不应偏爱自己的旧友和亲属，要用仁政来感化天下所有的人。"周武王听后，欣然同意，并按照周公所说的去做，刚刚统一的西周果然很快就摆脱了混乱的局面，安定了下来。

2. 病入膏肓

　　春秋时期，晋景公得了重病。他听说秦国有位医术十分高明的医生，便派人前去请他来给自己治病。医生还没有到时，晋景公恍恍惚惚做了一个梦，他梦见两个小孩在悄悄地说话。其中一个小孩说："名医马上就要来了，这回我们该躲到什么地方呢？"另一个说："我们躲到肓的上面，膏的下面，无论他怎样用药，都不能危害到我们。"不久，秦国的名医到了。他为晋景公诊断之后，告诉晋景公说："你的病已无药可救了，疾病在肓之上，膏之下，用针灸治疗不行，扎针又达不到，汤药的效力也无法企及。我实在是无能为力了。"晋景公听了之后，心想：医生所说的果然验证了梦中那两个小孩子的对话，于是对名医说："你的医术果真十分高明啊！"说完，便命人取了一份厚礼送给医生，让他回秦国去了。

3. 伯乐相马

　　传说中，天上管理马匹的神仙叫伯乐。春秋时，有个叫孙阳的相马人，他对马的研究简直达到了出神入化的程度，所以人们都尊称他为伯乐。一次，伯乐受秦穆公之托，到各地去选购能日行千里的骏马。这天，伯乐发现一匹马拉着一辆装满草的车，十分吃力地在爬一个陡坡。他见到这种情景，不由得来到马的跟前，轻轻地抚摸了一下马背。谁知那匹马一见到伯乐，突然在辕下昂起头来，大声嘶鸣，其声音嘹亮无比，如黄钟大吕，直冲云霄。伯乐一听到这马的鸣声，又惊又喜，他拉过驾车的人，对他说："这匹马若在战场上驰骋，任何马都比不上它；但要是用它来拉车，却远不如一匹普通的马，所以我恳请您能把这匹马卖给我。"于是，那个驾车人就把那匹马卖给了伯乐，伯乐便把马带回了王宫细心调养，那匹马果然变得精壮神俊，日驰千里。

4. 城门失火殃及池鱼

南北朝时，东魏大将侯景坐镇河南，拥有十万大军。后来背叛东魏，投降西魏，又转而投降南方的梁朝。梁武帝不听大臣劝谏，封侯景为河南王。公元 547 年八月，大将萧渊明奉梁武帝之命讨伐东魏。九月，其军队逼近彭城（今江苏徐州）。十一月，东魏高澄派高岳和慕容绍宗率军救援彭城，派杜弼担任救援大军的军司。结果，东魏军活捉萧渊明，梁军伤亡败逃的有几万人。大胜之后，杜弼写了一篇檄文给梁朝，指责梁朝不该接受侯景的投降，以致断绝了与邻邦的友好关系。文中说："侯景这样的卑鄙小人，一有机会还会兴风作浪。怕只怕楚国的猴子逃亡，灾祸延及林中树木，宋国城门失火，连累池中鱼儿遭殃，将来会使长江、淮河流域以及荆州、扬州一带的官员百姓无辜遭受战争之苦。"果然，第二年八月，侯景发动叛乱，造成梁朝多年政局动荡，人民饱受战乱之苦。

5. 重蹈覆辙

东汉初年，外戚专权，皇权衰微，皇帝便依靠身边的宦官消灭了外戚的势力。但是，宦官也很快发展成政治集团，广树党羽，把持朝政。东汉由此便由外戚专权变为宦官专权。不堪压迫的人民不断起来反抗，世家豪族以及一些文人也对此极为不满。面临这种局势，司隶校尉李膺与太学生首领郭泰结交，进谏反对宦官专权。他们的行为触动了宦官的利益，这些宦官党羽便设法谋害李

膺等人。后来，李膺等人被宦官诬为结党诽谤朝廷，被捕入狱，数百人受到株连，这些人被称为"党人"。窦武是桓帝皇后的父亲，他极为不满宦官专权，便给桓帝上了道奏折，替李膺等人鸣不平，指责宦官祸国殃民。奏折中说："今天再不吸取过去外戚专权祸国的教训，再走翻车的老路，秦二世覆灭的灾难将会重演，像赵高发动的那种事变，恐怕早晚都会出现。"桓帝看了奏折后，觉得窦武的话很有道理，便下令放了李膺等人，但又不愿意就此饶了他们，就下令将他们终身禁锢，不许做官。

6. 春风得意

唐代大诗人孟郊，一生留下了许多首流传千古的佳作，可是他的一生却非常坎坷。孟郊年轻时在河南嵩山隐居。孤僻、耿直的他很少与人合得来，但却与大文学家韩愈一见如故。韩愈很欣赏孟郊的诗文，也尽力扶持他，希望他能考取功名，走上仕途。可是孟郊的运气总是很差，屡试不中，一直未能如愿登上仕途。四十一岁那年，他曾两度前往京城参加考试，但都名落孙山。终于在第三次应考时，中了进士。为了表达自己愉快的心情，他即兴作了一首《登科后》："昔日龌龊不足夸，今朝放荡思无涯。春风得意马蹄疾，一日看尽长安花。"诗的大意是这样的："从前那穷困潦倒的岁月不值

得夸耀，今天我的心胸突然开阔起来。我乘着春风高兴地骑着马，一天就把长安的美景、鲜花看个够!" 这是多么愉快的事呀，而此时的孟郊已将近五十岁了。

7. 当局者迷

唐代大臣魏光上书唐玄宗，要求把魏征整理修订过的《类礼》一书列为儒家的经典著作。玄宗同意，并派元澹等人仔细校阅，加上注解。但是右丞相张说认为《礼记》已经是一部非常成熟完善的书了，没有必要改用魏征整理修订的版本。唐玄宗认为他说得也有道理，但是元澹等人执意认为应该改换版本。为此，他特地写了一篇名为《释疑》的文章阐述自己的观点。《释疑》是以主客对话体的形式写成的。先是客人问："《礼记》这部经典著作，戴圣编纂、郑玄加注的版本与魏征整理修订的版本相比，哪个更好一些?" 主人回答："戴圣编纂的那个版本从西汉起就开始使用，到现在经过许多人的修订、注解，存在许多互相矛盾的地方，魏征正是鉴于这种情况才重新整理的，没想到那些墨守陈规的人会反对。" 客人听后，若有所悟："是呀，这好像下棋一样，看棋的人清清楚楚，下棋的人反倒很糊涂。"

8. 道听途说

战国时，有一个叫艾子的人在路上遇到爱说空话的毛空。毛空神秘地告诉艾子，有一户人家养的鸭子，一次下了一百个蛋。艾子不信，说："不会有这样的事吧？"毛空说："那可能是两只鸭子下的。"艾子仍不信。毛空就增加鸭子的只数，但不愿减少已说出的鸭蛋的数目。艾子当然不会相信。过了一会儿，毛空又对艾子说："上个月，天上掉下一块肉，有十丈宽，三十丈长！"艾子又不信。毛空便改口说那肉有十丈长，十丈宽。艾子不愿意再听他胡说下去了，便反问他："世上哪里有十丈长、十丈宽的肉？还会从天上掉下来？是你亲眼所见吗？你刚才说的鸭子是哪一家的？现在你说的那块肉又掉在什么地方？"毛空被问得哑口无言，只好语无伦次地说："那都是在路上听人家说的。"艾子听后，大笑。他转身对他的学生说："你们可不要像他那样道听途说啊！"

9. 得陇望蜀

刘秀打败王莽后，自立为皇帝。当时，大将军岑彭曾带兵跟随刘秀出生入死，一起打天下，立下了汗马功劳，得到刘秀的赏识。刘秀控制东部地区后，又向西进军，任命岑彭为大将军。不久，岑彭跟随刘秀攻下天水这个地方，又与偏将军吴汉把隗嚣围困在西城。公孙述听到隗嚣被困，马上派大将李育前去援救。此时，公孙述的部队驻扎在上邽这个地方。刘秀因为有事必须回洛阳一趟，于是他便派盖延、和耿二人留下来包围上邽。临行前，刘秀给岑彭留下一封信，信上说："你等到西城和上邽这两处攻下来以后，就可以率领军队向南去攻打四川。人都是不知满足的，我们取得了陇地，还应该接着将蜀地也夺过来。"刘秀向西进军，目的在于平定陇、蜀两地，以完成统一全国的大业。最后，隗嚣和公孙述都被岑彭消灭掉了，刘秀终于重新统一了全国。

10. 得心应手

　　春秋时的一天，齐桓公坐在宫殿上正在津津有味地读书，木匠轮扁在宫殿下面精心地制作车轮。忽然，轮扁放下手中的活儿，走进宫殿，来到齐桓公面前，说："请问大王，您读的书里都讲些什么呀？"桓公答道："都是圣人说的话。"轮扁又问："圣人还活着吗？"桓公答道："已经死了。"轮扁说："这样说来，你所读的只不过是古人留下来的糟粕。"桓公怒道："竟敢在此胡言乱语！你如能把刚才所说的话讲出道理，我就饶了你，否则，就下令砍下你的脑袋！"轮扁并不因桓公发怒而害怕，反而不慌不忙地说："我是制作车轮的，就以我做车轮这件事为例吧。车轮的轴孔做宽了，容易松动；太紧了，就滞涩，很难装配。只有不宽不紧，才恰到好处。我干活儿时，心里想到哪里，手就跟随到哪里。我虽然说不出其中的道理，但是这里却有一定的技术和经验。我无法把这技术单靠嘴说教给儿子。所以，我虽然快七十岁了，还得一个人在这里制作车轮。古人学问中的精妙独到之处是说不出来的，您现在看到的不是古人的糟粕又是什么呢？"桓公听完，觉得他说的很有道理，便没有治他的罪。

11. 东窗事发

　　南宋宰相秦桧，竭力主张降金，但岳飞是实现与金议和的最大障碍。为了铲除这个障碍，他诬蔑岳飞谋反，将其逮捕入狱。但是岳飞宁死不屈，不肯承认谋反罪名，秦桧无法将其定罪。于是秦桧和他的老婆王氏在卧室的东窗下密谋对策。秦桧听从王氏的话，不顾一切地要置岳飞于死地。他指使谏议大夫万俟等人伪造证据，将岳飞和他的儿子岳云、部将张宪以莫须有的罪名处死在狱中。没过多久，秦桧在游西湖的时候染上病，很快就死了。又过了些日子，他的儿子也死了。王氏思念他们，便请来一个道士做法术。据说那个道士在地狱里看到秦桧和万俟都戴着铁枷，受着各种酷刑。临走时，道士问秦桧有什么话对王氏说，秦桧哭丧着脸说："烦请带话给我夫人王氏，就说东窗事发了。"道士回到阳间后，把秦桧的话传达给王氏。王氏受到了惊吓，不久也死了。

12. 防微杜渐

　　丁鸿是东汉时期一位很有学问的大臣，对经书极为通晓。当时东汉和帝继承皇位，但朝政大权却把持在窦太后手里。而且窦太后的哥哥窦宪官居大将军，任用窦家兄弟为文武大臣，独揽国家军政大权。面对宫廷里的这种现象，很多正直的大臣都为汉室江山担忧，丁鸿也不例外。他对窦太后的专权十分不满，决心为国家除掉这一隐患。几年后，天上发生日蚀。丁鸿就以此为借口，上书皇帝，认为这是个不祥征兆，指出窦家权势对国家造成了危害，建议迅速改变这种状况。汉和帝本来就有这种削去窦家权势的打算，于是迅速撤了窦宪的官职，窦氏兄弟们因此被逼自杀。丁鸿在给和帝的上书中说，如果皇帝亲手整顿国家，应在事态开始萌芽时就注意防止，这样才能使国家长治久安。

13. 分道扬镳

南北朝时期，北魏有一个叫元齐的人。他很有才能，屡建功勋，皇帝封他为河间公。元齐有个儿子叫元志，是一个很有才华但又很骄傲的年轻人。孝文帝任命他为洛阳令。几年后，孝文帝采纳了御史中尉李彪的建议，从山西平城（今山西大同市东）迁都到洛阳。原来的洛阳令就成了"京兆尹"。有一次，元志出外游玩，正巧李彪的马车从对面驶来。照礼节，元志官职比李彪小，应先让路，但他一向自恃自己有才能，轻视那些在宫廷中学问不高的达官贵族，偏不给李彪让路。李彪见他目中无人，就问他："我职位比你高得多，你为什么不给我让路？"元志振振有辞地说："我是洛阳的地方官，你在我看来，不过是洛阳的一个住户，哪有一个地方官给住户让路的道理呢？"他们互不相让，于是就到孝文帝那里去评理。孝文帝听了他们的争论，觉得各有各的道理，就笑着说："洛阳是我的京城。你们互不相让，各有道理，分开走，各走各的，不就行了吗？"

14. 感激涕零

唐朝中后期，安史之乱被平定后，接着是藩镇割据，战乱不断。公元814年，淮西节度使吴少阴死去，他的儿子吴元济因未能如愿继承父职，便自领军务，纵兵抢掠舞阳、叶县等地。朝廷多次派兵缴杀，均未能取胜。吴元济更加不可一世。公元816年，宰相裴度督师讨伐吴元济，大将李愬自愿担当平定淮西叛乱的重任。李愬是位很有谋略的大将，他没有急于出兵讨伐，而是先整顿军队，鼓舞士气。半年后，李愬率军出发，接连打了几个胜仗，还俘获了吴元济的一员大将，并劝导其为朝廷效力。次年冬天，李愬亲自率领一支骑兵，冒着风雪，夜行一百余里，奔袭吴元济盘踞的巢穴——蔡州。李愬骑兵突然出现时，吴元济还在睡梦中，根本不相信官军会这么快抵达。黎明时，他听到士兵们的喊杀声，才从梦中惊醒，但很快就被李愬将士擒住。老百姓听说官军收复了蔡州，纷纷走上街头。老人们一边回忆多年来藩镇割据之苦，一边感激官军收复蔡州，甚至激动得掉下泪来。

15. 勾心斗角

秦王嬴政统一六国后，做了皇帝。为了供自己享乐，他开始建造一座规模宏大的宫殿。因为是在阿房这个地方修建的，所以当时人们称这宫殿为阿房宫。阿房宫的建造规模很大，从秦始皇称帝时开始修建，直到秦朝灭亡还没有修完。秦末，项羽攻下了长安，将阿房宫一把火烧毁，大火烧了好几个月都没有熄灭。唐朝时，诗人杜牧游历长安。当他看到秦朝阿房宫的遗址后，便联想到了阿房宫当年的宏伟富丽，因此作了一篇《阿房宫赋》，描写阿房宫的壮丽气势。其中有一句是描写阿房宫的精密布局和构造的：阿房宫的长廊回环曲折，层层楼阁凭地势高低而环抱其间，宫室顶部是牢固而巧妙的钩心结构，檐角高耸，好像在与什么争斗。

16. 刮目相看

吕蒙是三国时吴国的大将军，他武艺高强，勇敢善战，为吴国屡立战功，深受吴国国君孙权的器重。但吕蒙因是行伍出身，十五六岁就从军，所以读书甚少。后来，孙权见他年轻有为，且官位日高，就劝他说："你现在身为大将军，不能只凭勇武之力，应该多读书，注意韬略。"吕蒙虽口上推说军中事多，没有时间，但心中却暗下决心要认真读书。几年过去了，吕蒙利用征战的间隙读了不少书。有一次，吴国名将鲁肃去探望他，席间两人寒暄过后，便议论起军机、时事。吕蒙说得滔滔不绝，有理有据。鲁肃感到非常惊讶，拍着吕蒙的肩膀说："我总认为你不过只有武略罢了，今天看来，你学识渊博，再不是吴下阿蒙了。"吕蒙谦虚地说："有道是：士别三日，即更刮目相待。我以前只知道打仗，韬略上所知甚少，现在读了一些书，当然应该有所提高了。"

17. 骇人听闻

太原晋阳人王劭，从小爱好读书，年轻时就博闻广记，对看过的内容能过目不忘。但他却不是一个老老实实做学问的人，而是一个擅长溜须拍马、阿谀奉承的人。一次隋文帝做了一个梦，梦见自己想爬上一座高山，却怎么爬也爬不上去，后来在侍从崔彭等人的帮助下才上了山顶。王劭听后，便对皇帝说："这个梦很吉利，梦见高山，说明皇上您的位置安稳如山；崔彭好比彭祖（传说他是长

寿人物），这表明您万寿无疆。"隋文帝听了，非常高兴，并嘉赏了
他。王劭除了会溜须拍马，还善于讲一些荒诞怪异、令人难以置信
的东西来欺骗隋文帝。有一次，王劭谎称在某地发现神龟，龟腹上
写有"天下杨兴"四个字。皇后死后，他也胡诌乱编，说皇后是
"妙善菩萨"转生，她不是死，而是升天成仙了，以此来赢得皇帝
的欢心。

18. 鹤立鸡群

　　嵇康是三国时期魏国著名的文学家、音乐家，"竹林七贤"之
一。他性情耿直，才华横溢，又长得魁梧英俊，十分出众。后来由
于他不满朝政而被杀害，死时才四十一岁。嵇康的儿子嵇绍，和他
父亲一样，不仅生得一表人才，而且也很有学问。无论他走到哪
里，都显得非常出众。晋武帝司马炎代魏称帝，嵇绍被召到京都洛
阳做官。有人看见他后，对他父亲的朋友王戎说："昨天我见到嵇
绍，他是那样魁梧高大，在人群之中，就像一只鹤直立在一群鸡中
一样惹人注目。"王戎听后，说："您还没有见过他父亲嵇康，他比
嵇绍还要出众！"晋惠帝司马衷继位后，嵇绍担任侍中，跟随皇帝
出入宫廷。在"八王之乱"中，嵇绍随晋惠帝出兵作战，为了保护
惠帝，不幸中箭牺牲，鲜血滴在了晋惠帝的战袍上。晋惠帝颇受感
动，不让内侍洗掉战袍上的血迹，以表示对嵇绍的赞赏和怀念。

19. 家喻户晓

梁姑姊是汉朝时一个善良、刚烈的女子。一次，她从外面归来，发现家中不慎失火，把她和哥哥的孩子都困在了屋里。"我得先救哥哥的孩子！"梁姑姊心想。此时屋门已经倒塌，屋内不时传来屋梁断裂的"噼啪"声，梁姑姊一低头从窗子跳了进去。她觉得哥哥的孩子肯定躲在外边，所以毫不犹豫地抱起外边的孩子用自己的衣物裹着爬出了屋子。这时她的头发已全部烧焦，满脸黑灰，可她已顾不上自己，一心挂念着孩子的安危。可是，当她打开衣服一看，发现抱出的竟是自己的孩子！她转身又要往屋里冲，但这时房子已成一片火海，要救人已经不可能了。梁姑姊不禁痛哭起来："我抱出了自己的孩子，别人一定会说我自私，这坏名声'户告人晓'，我还有何面目见人！"说完，她纵身扑进了火海，最后被火烧死。

20. 家徒四壁

司马相如，字长卿，四川成都人，西汉著名辞赋家，年轻时家境清贫。临邛县令王吉经常邀他作客，让他住在宾馆里，每天前去拜访，想以此提高司马相如的身价，引起人们的注意。临邛有一富户叫卓王孙，很想结交司马相如，便设宴相邀。卓王孙府邸所有宾客都为司马相如的翩翩风度所倾倒。席间，司马相如为宾主奏琴助兴，其精绝琴艺博得众人的一致喝采。卓王孙的女儿卓文君才貌双全，可惜年轻守寡，住在娘家。爱好音乐的她听说有一位贵客在表演琴艺，便藏在屏风后偷偷欣赏，不禁对这位多才多艺的客人心生爱慕。司马相如也发现有位佳人在听他弹琴，便使出浑身解数，奏了一曲《凤求凰》，想用音乐打动对方。《凤求凰》本是古代一首情歌，卓文君一下子就明白了相如的情意。当晚，她不顾父亲的竭力反对，冲破了封建礼教的束缚，离家出走，与司马相如一起回到成都老家。到家后，卓文君发现相如家一贫如洗，所剩的只有支起屋顶的四周墙壁。但她一点也不计较，甘心和司马相如一起苦度岁月，并坚信相如会有出头之日。后来，司马相如的才华得到了汉武帝的赏识，官封中郎将，成为国家栋梁。

21. 空中楼阁

西汉时期，太原城有一个土财主。他非常有钱，但生性愚钝，因此常遭人嘲笑。一天，他到另一位张姓财主家作客。他看到人家刚盖好一座三层楼的新屋，又高大又明亮，非常羡慕，心想：我和他一样有钱，他有这么漂亮的一座楼，而我却没有，这太不像话了，我也要有这样的一座楼。第二天，他就把工匠找来，问道："你们知道邻村张老爷家的楼是谁盖的吗？"工匠们说："正是我们盖的。"土财主听了很高兴，说："太好了！你们就照样子再给我盖一个一模一样的三层楼吧！"工匠们便照他的吩咐，开始建造房子。过了几天，财主来到工地视察。他东瞧西瞧地看了半天，心中十分纳闷，便问："你们这是在干什么？"工匠们说："我们照您的吩咐，正在盖那座三层楼房。"土财主急忙说："不对，不对。我只要最上面一层，下面两层都不要，赶快给我拆掉。"工匠们听完哈哈大笑说："只要最上边那层，我们可不会造，您还是自己来吧！"

22. 空前绝后

晋代的顾恺之，才华出众，尤以绘画出名。他画中的人物，形象生动，神态逼真。与众不同的是，他画人物时，从来不先画眼珠。有人问其中的奥秘，他说："人物传神之处，正在于此。"一语道破天机，使人佩服。当时，人们称他为三绝：才绝、画绝、痴绝。南朝梁时，有一个叫张僧繇的著名画家。他擅长于山水画、人物佛像画。梁武帝建了许多寺庙佛塔，都让他作画。据说，张僧繇曾在寺庙的墙上画了四条龙，他给其中两条点上眼睛后，这两条龙居然破壁飞走了，虽然这是一个夸张的传说，但足以说明其画技高深。唐代的吴道子是一位集绘画、书法于一身的大画家。他的山水画、佛像画闻名天下。据说，他在景玄寺画的地狱变相图，未画鬼怪却也阴森恐怖，许多人看了之后便改过自新、弃恶从善。后人评价这三位画家时说："顾恺之的画，成就超越前人；张僧繇的画，成就后人莫及；吴道子的画，兼有两人的长处。"

23. 脍炙人口

春秋时期，有一对父子同为孔子的门生。父亲曾喜欢吃羊枣（一种野生果子，俗名为牛奶柿）。儿子曾参非常孝顺，父亲曾皙死后，他便再也不吃羊枣了。当时，这件事被广为传颂。到了战国时期，孟子的徒弟公孙丑对这件事不能理解，便请教老师孟子说：

"脍炙和羊枣这两样食物，哪一样更好吃呢？"孟子回答说："当然是脍炙更好吃了，没有哪个人是不爱吃脍炙的。"公孙丑问："既然脍炙更好吃，那么曾参和他的父亲曾皙也一定爱吃脍炙了？那为什么曾参在他父亲死后只戒吃羊枣而不戒吃脍炙呢？"孟子回答道："脍炙，是大家都喜爱吃的东西；羊枣的滋味虽然比不上脍炙，但它却是曾皙所特别爱吃的，所以曾参在他父亲死后只戒吃羊枣，不戒脍炙。这就好比对长辈只忌讳叫其名字，不忌讳称其姓一样。姓有相同的，而名字却是每个人所独有的。"孟子的一席话，使公孙丑明白了其中的道理。后来，人们便从孟子所说的"脍炙所同也"这句话中，引申出了"脍炙人口"这个成语。

24. 狼狈不堪

晋朝时，武陵人李密因品德、文才俱佳而颇负盛名，引起了当朝皇帝司马炎的关注。司马炎有爱才之心，几次召他做官，但都被他拒绝了。李密这种看似不可理解的行为背后有着一段不同寻常的生活经历。原来，李密小时候家庭发生过重大变故。他很小就失去父亲，四岁时母亲被迫改嫁，他是由自己的祖母刘氏抚养成人的。李密从小受到祖母生活上的精心照料，在祖母的供养下读书成才。他与祖母的感情非常深厚，舍不得离开她，而且出于孝道，他不愿意丢下年老孤单的祖母外出做官。最后，李密给司马炎写了一封信，表明自己的心迹和态度。信中言辞恳切，情意拳拳。信中说："我出生六个月时就没有父亲了，四岁时母亲被舅舅逼着改嫁，祖母刘氏看我可怜，便照料起我的生活。我家中没有兄弟，祖母也得不到其他人的照顾，一个人历尽千辛万苦把我拉扯成人，还供我读书。如今她年老了，只有我一人可以服侍她，陪伴她度过这一生最后的时光。可是我不出去做官，又违背了您的旨意。我现在的处境真是进退两难、窘迫至极呀！"

25. 老生常谈

三国时候，有个名叫管辂的人，才思敏捷，从小喜爱天文，十五岁时已熟读《周易》，通晓占卜术。渐渐地，他小有名气，并且传到吏部尚书何晏、侍中尚书邓飏那里。这两人是曹操侄孙曹爽的心腹，横行霸道，名声很坏。管辂也早有耳闻。那天正好是农历十二月二十八日，这两个大官吃饱喝足后，百无聊赖，便召来管辂替他们占卜。管辂决定利用这个机会好好教训他们。何晏一见管辂，就大声嚷道："听说你的占卜很灵验，快替我算一卦，看我还能不能升官发财。另外，这几天晚上我总梦见苍蝇叮在鼻子上，这是什么征兆？"管辂想了想，说："从前周公忠厚正直，助周成王成就帝业，让人民安居乐业。现在你的职位比周公要高，可感恩于你的人很少，惧怕你的人却很多，而且从你的梦来预测，也不是什么好兆头啊！要想逢凶化吉，只有效仿周公等圣贤之人，发善心，行善事。"邓飏听了不以为然："这都是些读死书的老书生常说的乏味的话，没有什么意思。"管辂哈哈一笑："虽是老生常谈，却不能轻视啊！"新年一到，就传来何晏、邓飏与曹爽一起因谋反被杀的消息。管辂感叹道："对于老生常谈竟置之不理，难怪有此下场！"

26. 乐不思蜀

公元 223 年，蜀汉的建立者刘备去世，他十六岁的儿子刘禅即位。刘禅昏庸无能，后来诸葛亮等辅佐他的人相继去世，蜀国便每况愈下，国势日衰。公元 263 年，在魏国的大举进攻下，刘禅投降，蜀汉灭亡。刘禅被迫迁到魏国都城洛阳居住，魏帝封他为安乐公。刘禅居然很满足，心安理得地又在异国他乡过上了享乐生活。一天，魏国的当权者司马昭请刘禅饮酒，席间特地为他安排了蜀地歌舞。在场的蜀汉旧臣看了，触景生情，百感交集，有的还掉下了眼泪。只有刘禅看得津津有味，乐不可支。司马昭见状，私下对一位大臣说："一个人竟糊涂到这等程度，真是不可思议。即使诸葛亮在世，也不可能保住他的江山！"司马昭故意问刘禅："你思念蜀地吗？"刘禅回答说："我在这里很快乐，我不思念蜀地。"原在蜀汉任职的正暗地里对刘禅说："要再问您，您就应该哭着说，我没有一天不思念。"不久当司马昭再次问起时，刘禅果然照正所教的说了，还勉强地挤出了眼泪，被司马昭当场揭穿。刘禅的言行从此成为千古笑柄。

27. 乐此不疲

王莽末年，天下连年饥荒。刘秀加入绿林起义军，以恢复汉制为号召，取得了一些官僚、地主的支持，力量逐渐壮大。公元 25 年，刘秀建立东汉王朝，即汉光武帝。后来他又镇压赤眉起义军，削平各地割据势力，统一了全国。长期的军旅生活使他厌倦了战争，同时他亲眼目睹了老百姓在战乱中流离失所的痛苦，因此采取休养生息的政策，下功夫改革弊政，废除苛法，精简官吏，安定社会秩序，兴修水利，发展农业生产。他统治期间，人民的生活逐步得到改善，汉朝又强盛起来，史称"光武中兴"。刘秀到六十多岁还勤于政事，天不亮就上朝，一直到日落才回宫。他一般不谈军事，但对经史义理方面的事却很感兴趣，不仅自己潜心研究，还时常召集公卿良将高谈阔论，直至深夜仍兴致不减。太子见父皇如此勤勉，便劝谏道："陛下有大禹、商汤那样的贤明，却丢失了黄帝、老子的养身之道。但愿从此您能颐养精神，优游安宁。" 刘秀听罢摇摇头说："我很高兴这样，并不因此而感到疲劳。"